Dominik Halbmeyer

Die österreichische Gruppenbesteuerung und die deutsche Organschaft

Ein Vergleich

igel Verlag RWS

Halbmeyer, Dominik: Die österreichische Gruppenbesteuerung und die deutsche Organschaft: Ein Vergleich, Hamburg, Igel Verlag RWS 2014

Buch-ISBN: 978-3-95485-130-0
PDF-eBook-ISBN: 978-3-95485-630-5
Druck/Herstellung: Igel Verlag RWS, Hamburg, 2014

Bibliografische Information der Deutschen Nationalbibliothek:
Die Deutsche Nationalbibliothek verzeichnet diese Publikation in der Deutschen Nationalbibliografie; detaillierte bibliografische Daten sind im Internet über http://dnb.d-nb.de abrufbar.

Hermannstal 119k, 22119 Hamburg
http://www.diplomica.de, Hamburg 2014
Printed in Germany

Inhaltsverzeichnis

Abkürzungsverzeichnis

a.A........................anderer Ansicht

AbgÄG.................Abgabenänderungsgesetz (Österreich)

AktG.....................Aktiengesetz der Bundesrepublik Deutschland

AO........................Abgabenordnung

Art........................Artikel

BB........................Betriebs-Berater (Zeitschrift)

betr.......................betreffend

BFH......................Bundesfinanzhof

BGBl.....................Bundesgesetzblatt

BMF......................Bundesministerium der Finanzen

BStBl....................Bundessteuerblatt

BV........................Besloten vennootschap met beperkte aansprakelijkheid (niederländische Kapitalgesellschaft)

BVerfG................Bundesverfassungsgericht

BVerfGE..............Entscheidungen des Bundesverfassungsgerichts

DB........................Der Betrieb (Zeitschrift)

dB........................der Beilagen

DBA......................Abkommen zur Vermeidung der Doppelbesteuerung

DStR....................Deutsches Steuerrecht (Zeitschrift)

EFG......................Entscheidungen der Finanzgerichte (Zeitschrift)

EGV......................Vertrag zur Gründung der Europäischen Gemeinschaft

Erl..........................Erläuternde Bemerkungen (Erklärungen zu einzelnen Bestimmungen in Regierungsvorlagen, die zur Interpretation herangezogen werden können)

EStG.....................Einkommensteuergesetz der Bundesrepublik Deutschland

EuGH...................Europäischer Gerichtshof

EuR......................Europarecht (Zeitschrift)

EWG....................Europäische Wirtschaftsgemeinschaft

FG........................Finanzgericht

FR........................Finanz-Rundschau Ertragsteuerrecht (Zeitschrift)

GeS......................Zeitschrift für Gesellschafts- und Steuerrecht (Zeitschrift)

GmbH...................Gesellschaft mit beschränkter Haftung

GmbHG................GmbH-Gesetz der Bundesrepublik Deutschland

GP........................Gesetzgebungsperiode

HGB.....................Handelsgesetzbuch

Hs.........................Halbsatz

IStR......................Internationales Steuerrecht (Zeitschrift)

i.V.m.....................in Verbindung mit

IWB......................Internationale Wirtschaftsbriefe (Zeitschrift)

JStG.....................Jahressteuergesetz

KStG.....................Körperschaftsteuergesetz der Bundesrepublik Deutschland

lit...........................Litera (Buchstabe)

MA........................Musterabkommen

m.w.N....................mit weiteren Nachweisen

NZG......................Neue Zeitschrift für Gesellschaftsrecht (Zeitschrift)

OECD...................Organization for Economic Cooperation and Development (Organisation für wirtschaftliche Zusammenarbeit und Entwicklung)

OVG.....................Preußisches Oberverwaltungsgericht

Oy.........................Osakeyhtiö (finnische Aktiengesellschaft)

öEStG...................Einkommensteuergesetz der Republik Österreich

öEStR...................Einkommensteuerrichtlinien der Republik Österreich

öKStG...................Körperschaftsteuergesetz der Replik Österreich

öKStR...................Körperschaftsteuerrichtlinien der Republik Österreich

ÖStZ.....................Österreichische Steuerzeitung (Zeitschrift)

ÖStZB..................Beilage zu der ÖStZ

RdW.....................Österreichisches Recht der Wirtschaft (Zeitschrift)

RFH......................Reichsfinanzhof

rkr.........................rechtskräftig

Rs.........................Rechtssache

Rspr......................Rechtsprechung

RStBl....................Reichssteuerblatt

RV.........................Regierungsvorlage (Gesetzesvorschlag der Regierung, welcher vom Ministerrat einstimmig angenommen wurde und an den Nationalrat weitergeleitet wird)

RWZ.....................Zeitschrift für Recht und Rechnungswesen (Zeitschrift)

Slg........................Sammlung

StReformG...........Steuerreformgesetz (Österreich)

StuW....................Steuer und Wirtschaft (Zeitschrift)

StVergAbG...........Steuervergünstigungsabbaugesetz (Deutschland)

SWI.......................Steuer und Wirtschaft International (Zeitschrift)

SWK.....................Steuer- und Wirtschaftskartei (Zeitschrift)

Ts.........................Teilstrich

UFS aktuell...........Zeitschrift für Steuer- und Abgabenrecht des Unabhängigen Finanzsenats (Zeitschrift)

v.H........................vom Hundert

VwGH...................Verwaltungsgerichtshof der Republik Österreich

Abbildungs- und Beispielsverzeichnis

1 Einleitung und Problemstellung

Die deutsche Organschaft kann auf eine über einhundertjährige Geschichte zurückblicken. Obwohl sie in dieser Zeit immer wieder verändert wurde, wird sie nach einer weit verbreiteten Meinung den wirtschaftlichen und rechtlichen Erfordernissen des neuen Jahrtausends nicht vollständig gerecht. Insbesondere die europäische Integration erfordert weitere Anpassungen oder sogar eine komplette Neuregelung.

Die derzeitige Regierungskoalition hat sich vorgenommen, das Unternehmenssteuerrecht, insbesondere die Organschaft und die Regelungen zu der Verlustverrechnung, zu modernisieren.[1] Die Republik Österreich hat dies bereits vor einigen Jahren getan. Die österreichische Organschaft wurde am 1.1.2005 durch ein modernes Gruppenbesteuerungssystem abgelöst. Deshalb liegt es nahe zu untersuchen, inwieweit diese als Vorbild dienen kann. Eine Vergleichbarkeit des Besteuerungssystems dürfte, aufgrund der gemeinsamen Wurzeln, zu keinem anderen Staat in einem solch hohen Maße gegeben sein.

Zu Beginn der nachfolgenden Ausführungen werden die hier relevanten Grundlagen der Konzernbesteuerung beschrieben. Das darauf folgende Kapitel enthält die Voraussetzungen und Rechtsfolgen der deutschen Organschaft. In dem vierten Kapitel wird die österreichische Gruppenbesteuerung dargestellt. Da deren Einführung schon am 19.5.2004 verabschiedet wurde, konnte sich die Fachliteratur früh damit beschäftigen. Deren Änderungsvorschläge führten noch vor dem Inkrafttreten zu einzelnen Korrekturen an der Gruppenbesteuerung. Eine zentrale Rolle für die Bildung und die Rechtsfolgen einer Unternehmensgruppe stellt die finanzielle Verbindung der Gesellschaften innerhalb der Gruppe dar. Deshalb wird diese Voraussetzung besonders ausführlich und durch erläuternde Beispiele dargestellt. Des Weiteren werden die Organschaft und die Gruppenbesteuerung in diesem Kapitel verglichen. Durch die Zugehörigkeit Deutschlands zu der Europäischen Gemeinschaft kann eine modernisierte Organschaft nicht ausschließlich an nationalen Interessen ausgerichtet werden. Deshalb darf bei einer

---

1 Koalitionsvertrag zwischen CDU, CSU und FDP, 17. Legislaturperiode (Seite 13f.).

Neuregelung der deutschen Organschaftsbesteuerung das Europarecht nicht außer Acht gelassen werden. Dessen Anforderungen an die Besteuerung von Unternehmensgruppen thematisiert das fünfte Kapitel. Darauf aufbauend wird beschrieben, wie eine Neuregelung der Organschaft ausgestaltet werden könnte.

In den nachfolgenden Ausführungen wird ausschließlich die körperschaftsteuerliche Organschaft angesprochen. Die gewerbesteuerliche Organschaft wird nicht behandelt. Des Weiteren sind Umwandlungen bzw. Umgründungen nicht Gegenstand der Betrachtung.

2 Grundlagen der Konzernbesteuerung

2.1 Durchbrechung des Grundsatzes der Individualbesteuerung

Das deutsche Zivilrecht verleiht den Körperschaften eine eigene Rechtspersönlichkeit (insbesondere § 1 AktG für die Aktiengesellschaft und § 13 GmbHG für die Gesellschaft mit beschränkter Haftung). Sie sind selbst Träger von Rechten und Pflichten und können eigenes Vermögen besitzen. Diese Trennung der Rechtssphären von Gesellschaft und Gesellschaftern wird als Trennungsprinzip bezeichnet.[2] Das Ertragsteuerrecht vollzieht dieses Prinzip durch den Grundsatz der Individualbesteuerung[3] der einzelnen Rechtssubjekte nach, § 1 Abs. 1 EStG und § 1 Abs. 1 KStG.[4] Es ist grundsätzlich auch auf Rechtsträger anzuwenden, die zu einem Konzern zusammengeschlossen sind und deshalb, bei wirtschaftlicher Betrachtungsweise, eine Einheit bilden. Da bei der Besteuerung aber die wirtschaftliche Leistungsfähigkeit erfasst werden soll, muss in diesen Fällen von dem Prinzip der Individualbesteuerung abgewichen werden. Denn das Bestehen und die tatsächliche Durchführung eines Gewinnabführungsvertrages beeinträchtigen die Leistungsfähigkeit von Gesellschaft und Gesellschafter.[5] Aus diesem Grund hat die Rechtsprechung das Institut der Organschaft entwickelt.[6] Dieses wurde 1969 in der Bundesrepublik Deutschland[7] und 1972 in der Republik Österreich[8] in dem jeweiligen Körperschaftsteuergesetz kodifiziert. Die Organschaft hat zur Folge, dass das Einkommen der Organgesellschaft dem Organträger zugerechnet und bei diesem besteuert wird.

---

2 Jochum, FR 2005, 577 (580) und Crezelius, Steuerrecht II, S. 239.

3 Urteil des BVerfG vom 17.1.1957 – 1 BvL 4/54, BVerfGE 6, 55 (unter Tz. 2, 39) und BFH-Urteil vom 19.10.2006 III R 29/06, BFH/NV 2007, 663 (unter Tz. 25).

4 So auch in Österreich, § 1 Abs. 1 öEStG für natürliche Personen und § 1 Abs. 1 öKStG für Körperschaften, öKStR 2001 Rz. 361 sowie Lang, ÖStZ 2003, 254 (254) und Hirschler / Schindler, IStR 2004, 505 (506).

5 Neumann in Gosch, Körperschaftsteuergesetz, § 14 Rz. 6.

6 Beginnend mit Urteil des OVG vom 31.5.1902 VI G 38/01, OVGSt.Bd. 10, 391; Rspr. übernommen von RFH mit Urteil vom 11.11.1927 I A 75/27, RStBl. 1928, 52 und BFH mit Urteil vom 24.11.1953 I Z 109/53 U, BStBl. III 1954, 21 (unter Tz. 7ff.).

7 Gesetz zur Änderung des Körperschaftsteuergesetzes und anderer Gesetze vom 15.8.1969, BGBl. I 1969, 1183.

8 Bundesgesetz vom 24.November 1972, mit dem das Körperschaftsteuergesetz 1966 geändert wird (Körperschaftsteuergesetznovelle 1972), BGBl. Nr. 441/1972.

Ihre Eigenschaft als Subjekt der Körperschaftsteuer verliert die Organgesellschaft hierdurch aber nicht.[9]

2.2 Ausgestaltung der Gruppenbesteuerung

Im Allgemeinen lassen sich drei verschiedene Systeme der Besteuerung von Unternehmensgruppen unterscheiden. Hierzu gehören das Einheitskonzept, das Zurechnungskonzept und das Einzelbilanzkonzept mit seinen Ausprägungen als Konzept des Konzernbeitrags (Group Contribution) und des Konzernabzugs (Group Relief).

Das Einheitskonzept fingiert eine Fusion zwischen allen Unternehmen des Organkreises. Das steuerliche Ergebnis wird allein auf der Ebene der Konzernspitze ermittelt und besteuert. Die Ergebnisermittlung erfolgt durch eine konsolidierte Konzernsteuerbilanz. Hierbei werden Zwischenergebnisse aus Transaktionen zwischen den Konzernunternehmen eliminiert. Eine solche steuerliche Einheit kann beispielsweise in den Niederlanden gebildet werden (Fiscale Eenheid).[10]

Bei dem Zurechnungskonzept wird das steuerliche Ergebnis jedes einzelnen Gruppenmitgliedes auf dessen Ebene ermittelt. Diese Einzelergebnisse werden bei der Muttergesellschaft zu einem Gesamtergebnis zusammengefasst und von dieser versteuert. Zwischenergebnisse werden hierbei nicht eliminiert, sondern sind in dem zuzurechnenden Einkommen enthalten. Dem Zurechnungskonzept folgt beispielsweise die deutsche Organschaft.[11]

In dem Rahmen des Einzelbilanzkonzeptes werden alle Gruppenmitglieder separat besteuert, sodass keine Gruppe in dem Sinne der beiden vorstehenden Konzepte entsteht. Durch steuerlich wirksame Zahlungen, die als Betriebsausgaben und Betriebseinnahmen behandelt werden, kann bei dem Konzernbeitragskonzept das Einkommen der einzelnen Gruppenmitglieder innerhalb der Gruppe nahezu frei verla-

---

9 BFH-Beschluss vom 18.6.1980 I B 88/79, BStBl. II 1980, 733 (unter Tz. 12), BFH-Urteil vom 7.12.1994 I K 1/93, BStBl. II 1995, 175 (unter Tz. 33) und Frotscher, Körperschaftsteuer Gewerbesteuer, S. 93, m.w.N.

10 Wiesner / Kirchmayr / Mayr, Gruppenbesteuerung, S. 492 und Kollruss, IStR 2004, 5 (5).

11 Kußmaul / Niehren, IStR 2008, 81 (82) und Grotherr, StuW 1996, 356 (359f.).

gert werden. Das steuerliche Ergebnis wird also nicht zwingend an die jeweilige Muttergesellschaft weitergeleitet. Vielmehr können die Zahlungen auch von der Muttergesellschaft an die Tochtergesellschaft oder zwischen Schwestergesellschaften erfolgen. Zudem muss mit diesen Zahlungen nicht unbedingt ein Verlust der empfangenden Gesellschaft ausgeglichen werden. Dieses System wird vor allem in der Republik Finnland, in dem Königreich Norwegen und in dem Königreich Schweden angewandt. Durch das Konzernabzugsmodell wird hingegen, unabhängig von einer tatsächlichen Zahlung, lediglich ein steuerlicher Verlust zwischen den Gruppenmitgliedern übertragen. Dieser wird bei der empfangenden Gesellschaft mit deren eigenen Gewinnen verrechnet. Der Verlust eines Unternehmens kann auch aufgeteilt und auf mehrere Gruppenmitglieder verteilt werden. Diese Ausprägung des Einzelbilanzkonzeptes findet beispielsweise in Irland und in Großbritannien Anwendung.[12]

---

[12] Wagner, IStR 2007, 650 (650f.) und Kußmaul / Niehren, IStR 2008, 81 (82f.).

3 Die deutsche Organschaft

3.1 Voraussetzungen der Organschaft

Die Erfüllung der nachfolgend dargestellten persönlichen und sachlichen Voraussetzungen führt de jure zu der Begründung einer körperschaftsteuerlichen Organschaft in dem Sinne der §§ 14ff. KStG.

3.1.1 Organträger

Der Organträger ist das Unternehmen, dem das Einkommen der Organgesellschaft zugerechnet wird. Mögliche Organträger ergeben sich aus § 14 Abs. 1 Satz 1 Nr. 2 KStG und aus § 18 KStG.

Eine unbeschränkt steuerpflichtige natürliche Person kann Organträger sein, wenn sie ein gewerbliches Unternehmen betreibt. Hierzu ist erforderlich, dass sie Einkünfte aus Gewerbebetrieb durch eine originär gewerbliche Tätigkeit erzielt (§ 15 Abs. 1 Satz 1 Nr. 1, Abs. 2 EStG).[13]

Des Weiteren kommen Körperschaften, Personenvereinigungen und Vermögensmassen in dem Sinne des § 1 Abs. 1 KStG als Organträger in Betracht. Deren Geschäftsleitung, also der Mittelpunkt der geschäftlichen Oberleitung (§ 10 AO), muss sich im Inland befinden. Der statuarische Sitz kann auch im Ausland belegen sein, sodass auch doppelansässige Gesellschaften als Organträger qualifizieren. Für das Betreiben eines gewerblichen Unternehmens genügt die Erzielung von gewerblichen Einkünften. Bei den genannten Rechtsträgern ist dies, aufgrund ihrer Rechtsform, gemäß § 8 Abs. 2 KStG stets der Fall.[14] Zudem darf die Körperschaft, Personenvereinigung oder Vermögensmasse nicht nach § 5 KStG subjektiv von der Körperschaftsteuer befreit sein. Hiermit wird verhindert, dass durch die Zurechnung steuerpflichtiges Einkommen der Organgesellschaft auf Ebene des Organträgers der Besteuerung entzogen wird.[15]

---

[13] Erle / Heurung in Erle / Sauter, Körperschaftsteuergesetz, § 14 Rz. 53 und Frotscher, Körperschaftsteuer Gewerbesteuer, S. 95.

[14] BFH-Urteile vom 26.4.1989 I R 152/84, BStBl. II 1989, 668 (unter Tz. 12) und vom 13.9.1989 I R 110/88, BStBl. II 1990, 24 (unter Tz. 13).

[15] Frotscher, Körperschaftsteuer Gewerbesteuer, S. 96f. und Haase, BB 2009, 980 (981).

Eine Personengesellschaft erfüllt die persönlichen Voraussetzungen als Organträger, wenn es sich bei ihr um eine Mitunternehmerschaft in dem Sinne des § 15 Abs. 1 Satz 1 Nr. 2 EStG handelt, sie selbst originär gewerblich tätig ist und sich ihre Geschäftsleitung im Inland befindet. Vermögensverwaltende oder lediglich gewerblich geprägte Personengesellschaften (§ 15 Abs. 3 Nr. 2 EStG) scheiden als Organträger aus.[16] Das Erfordernis der inländischen Geschäftsleitung bewirkt, dass das von der Organgesellschaft zugerechnete Einkommen auch dann im Inland besteuert werden kann, wenn die Gesellschafter der Personengesellschaft im Ausland ansässig sind. Denn durch die inländische Geschäftsleitung wird eine Betriebsstätte begründet (§ 12 Satz 2 Nr. 1 AO). Ausländische Gesellschafter erzielen somit beschränkt steuerpflichtige Einkünfte in dem Sinne des § 49 Abs. 1 Nr. 2 lit. a EStG.[17]

Nach § 18 KStG kann auch ein ausländisches gewerbliches Unternehmen als Organträger qualifizieren, wenn es eine in dem Handelsregister eingetragene Zweigniederlassung in der Bundesrepublik Deutschland unterhält. Der Gewinnabführungsvertrag muss unter deren Firma abgeschlossen werden. Zudem muss die Zweigniederlassung die Beteiligung an der Organgesellschaft in ihrem Betriebsvermögen halten. Ausländische Unternehmen sind natürliche Personen, Kapitalgesellschaften oder Personengesellschaften, die weder ihren Sitz noch ihre Geschäftsleitung im Inland haben. Um die Voraussetzung des gewerblichen Unternehmens zu erfüllen, muss eine unter § 15 Abs. 1 Satz 1 Nr. 1 EStG fallende Tätigkeit ausgeübt werden. Die inländische Zweigniederlassung stellt eine Betriebsstätte in dem Sinne des § 12 Satz 2 Nr. 2 AO dar. Somit ist der ausländische Organträger mit seinen inländischen Einkünften (§ 49 Abs. 1 Nr. 2 lit. a EStG) beschränkt steuerpflichtig.[18]

---

[16] BMF-Schreiben vom 10.11.2005 IV B 8 – S 2770 – 24/05 (Schreiben betr. Änderungen bei der Besteuerung steuerlicher Organschaften durch das Steuervergünstigungsabbaugesetz –StVergAbG-), BStBl. I 2005, 1038 (unter Tz. 15) und Erle / Heuerung in Erle / Sauter, Körperschaftsteuergesetz, § 14 Rz. 60, 66.

[17] Frotscher, Körperschaftsteuer Gewerbesteuer, S. 98f.

[18] Haase, BB 2009, 980 (981f.) und Frotscher, Körperschaftsteuer Gewerbesteuer, S. 99f.

Bis zu ihrer Abschaffung durch das StVergAbG[19] ab dem Veranlagungszeitraum 2003 konnte auch eine sogenannte Mehrmütterorganschaft gebildet werden. Eine Mehrmütterorganschaft ist der Zusammenschluss mehrerer gewerblicher Unternehmen zu einer Gesellschaft bürgerlichen Rechts mit dem Zweck der einheitlichen Willensbildung gegenüber der Organgesellschaft.[20] Grundsätzlich war es der Gesellschaft bürgerlichen Rechts als reine Innengesellschaft mangels Gewerblichkeit nicht möglich Organträger zu sein. Allerdings hat die Rechtsprechung für die Erfüllung der persönlichen Voraussetzungen nicht auf die Gesellschaft bürgerlichen Rechts, sondern auf deren Gesellschafter abgestellt.[21] Nachdem die Mehrmütterorganschaft durch das UntStFG[22] erstmals gesetzlich kodifiziert wurde, ist sie schon ein Jahr später wieder abgeschafft worden.[23]

Die Mehrmütterorganschaft war insbesondere für Gemeinschaftsunternehmen (Joint-Ventures) in der Rechtsform der Kapitalgesellschaft relevant. In diesen bündeln zwei oder mehrere Mutterkapitalgesellschaften gemeinsame Aktivitäten wie zum Beispiel Forschung und Entwicklung, Verwaltungsaktivitäten oder Investitionen in andere Unternehmen. Dies dient vordergründig der Risikostreuung und der Nutzung von Synergieeffekten.[24] Steuerliche Verluste, insbesondere Anlaufverluste bei Großprojekten, konnten so der Gesellschaft bürgerlichen Rechts als Organträgerin zugerechnet werden. Diese Verluste wurden wegen der einkommensteuerlichen Transparenz der Gesellschaft bürgerlichen Rechts wiederum ihren Gesellschaftern zugewiesen. Der Vorteil der Mehrmütterorganschaft bestand folglich in der zeitnahen Verlustverrechnung.[25]

---

[19] Steuervergünstigungsabbaugesetz vom 16.5.2003, BStBl. I 2003, 318.

[20] Dötsch in Kessler / Kröner / Köhler, Konzernsteuerrecht, § 3 Rn. 335 und Koths in Herzig, Organschaft, S. 72.

[21] Urteil des RFH vom 1.4.1941 I 406/40, RStBl. 1942, 947 und BFH-Urteile vom 25.6.1957 I 22/55 U, BStBl. III 1958, 174 (unter Tz. 60, 66, 72) und vom 9.6.1999 I R 43/97, BStBl. II 2000, 695 (unter Tz. 17).

[22] Gesetz zur Fortentwicklung des Unternehmensteuerrechts vom 20.12.2001, BStBl. I 2002, 35.

[23] Danelsing in Blümich EStG-KStG-GewStG, § 14 KStG, Rz. 176, 190, Sädtler in Dötsch / Franzen / Sädtler / Sell / Zenthöfer, Körperschaftsteuer, S. 299 und Koths in Herzig, Organschaft, S. 74.

[24] Kirchhof / Raupach, DB 2001, Beilage 3 zu Heft 22, 1 (7).

[25] Herzig in Herzig, Organschaft, S. 22 und Jonas in Herzig, Organschaft, S. 306.

3.1.2 Organgesellschaft

Die Organgesellschaft ist das Unternehmen, dessen Einkommen dem Organträger zugerechnet wird. Als Organgesellschaften kommen gemäß der abschließenden Aufzählung des § 14 Abs. 1 Satz 1 KStG nur die Europäische Gesellschaft, die Aktiengesellschaft und die Kommanditgesellschaft auf Aktien in Frage. § 17 KStG erweitert den Kreis der möglichen Organgesellschaften um die Gesellschaft mit beschränkter Haftung. Alle anderen juristischen Personen sowie Personengesellschaften können demnach nicht Organgesellschaft sein. Weiterhin müssen die genannten Rechtsträger einen sogenannten doppelten Inlandsbezug aufweisen. Das heißt, ihr Sitz und ihre Geschäftsleitung müssen sich im Inland befinden.[26] Die Organgesellschaft braucht, im Gegensatz zu dem Organträger, nicht gewerblich tätig zu sein.[27]

3.1.3 Finanzielle Eingliederung

Neben den dargestellten persönlichen Voraussetzungen muss die Organgesellschaft nach § 14 Abs. 1 Satz 1 Nr. 1 KStG finanziell in das Unternehmen des Organträgers eingegliedert sein. Eine solche finanzielle Eingliederung liegt vor, wenn der Organträger in einem Maße an der Organgesellschaft beteiligt ist, dass ihm die Mehrheit der Stimmrechte aus den Anteilen an der Organgesellschaft zusteht.

Der Organträger muss lediglich die Mehrheit der Stimmrechte besitzen. Eine Anteilsmehrheit wird nicht vorausgesetzt.[28] Eine Stimmrechtsmehrheit liegt vor, wenn der Organträger bei einfachen Beschlüssen der Haupt- bzw. Gesellschafterversammlung seinen Willen durchsetzen kann. Dies ist in der Regel bei mehr als 50 v.H. der Stimmen möglich (§ 133 Abs. 1 AktG, § 47 Abs. 1 GmbHG). Dem steht nicht entgegen, dass bestimmte Beschlüsse, vor allem Satzungsänderungen, nur mit einer qualifizierten Mehrheit geschlossen werden können.[29] Erfordert die

---

[26] Danelsing in Blümich EStG-KStG-GewStG, § 14 KStG, Rz. 42.

[27] BFH-Urteile vom 21.1.1970 I R 90/67, BStBl. II 1970, 348 (unter Tz. 14) und vom 8.12.1971 I R 3/69, BStBl. II 1972, 289 (unter Tz. 10).

[28] Müller in Müller / Stöcker, Die Organschaft, S. 59 und Kolbe in Herrmann / Heuer / Raupach, § 14 KStG, Rz. 110, m.w.N.

[29] Dötsch in Kessler / Kröner / Köhler, Konzernsteuerrecht, § 3 Rn. 166 und Danelsing in Blümich EStG-KStG-GewStG, § 14 KStG, Rz. 73.

Satzung allerdings für einfache Beschlüsse eine höhere Mehrheit als 50 v.H., ist diese für die Erfüllung der finanziellen Eingliederung relevant.[30]

Die Mehrheit der Stimmrechte kann sich entweder aus einer unmittelbaren oder aus einer oder mehreren mittelbaren Beteiligung(en) an der Organgesellschaft ergeben. Eine mittelbare Beteiligung kann über eine in- oder ausländische Kapital- oder Personengesellschaft vermittelt werden. Allerdings darf diese nur berücksichtigt werden, wenn sie dem Organträger die Mehrheit der Stimmrechte an der vermittelnden Gesellschaft ermöglicht, § 14 Abs. 1 Satz 1 Nr. 1 Satz 2 KStG. Dies gewährleistet, dass der Organträger in jeder der vermittelnden Gesellschaften und folglich auch in der Organgesellschaft seinen Willen durchsetzen kann.[31] Wird die Beteiligung an der Organgesellschaft über eine vermittelnde Gesellschaft gehalten, ist strittig ob für die Bestimmung, ob eine Mehrheit von 50 v.H. der Stimmrechte vorliegt, die Durchrechnungs- oder die Additionsmethode anzuwenden ist. Bei der Durchrechnungsmethode werden alle Beteiligungshöhen mathematisch durchgerechnet. Bei der Additionsmethode werden Beteiligungen, wenn § 14 Abs. 1 Satz 1 Nr. 1 Satz 2 KStG erfüllt ist, in der Höhe angesetzt, in der die vermittelnde Gesellschaft an der Organgesellschaft beteiligt ist. Während die Finanzverwaltung[32] die Durchrechnungsmethode anwendet, wird in der Literatur[33] überwiegend die Additionsmethode bevorzugt.

---

30 BFH-Urteil vom 22.11.2001 V R 50/00, BStBl. II 2002, 167 (unter Tz. 12, 17).

31 Frotscher, Körperschaftsteuer Gewerbesteuer, S. 105.

32 R 57 Beispiel 3 KStR.

33 Prinz, FR 2000, 1255 (1257), Heurung / Klübenspies, BB 2003, 2483 (2496), Krebühl, DStR 2002, 1241 (1243), Kolbe in Herrmann / Heuer / Raupach, § 14 KStG, Rz. 113 und Neumann in Gosch, Körperschaftsteuergesetz, § 14 Rz. 143, m.w.N.

Beispiel 1: Finanzielle Eingliederung

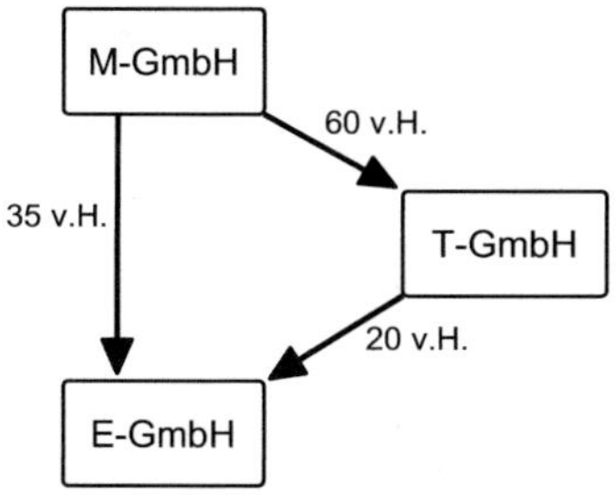

Durchrechnungsmethode: 35 v.H. + 12 v.H. (= 60 v.H. x 20 v.H.) = 47 v.H.

Additionsmethode: 35 v.H. + 20 v.H. = 55 v.H.

Eine finanzielle Eingliederung der E-GmbH in die M-GmbH liegt nur bei Anwendung der Additionsmethode vor.

Bei einer Personengesellschaft als Organträger muss die finanzielle Eingliederung in dem Verhältnis zu dieser selbst erfüllt sein, § 14 Abs. 1 Satz 1 Nr. 2 Satz 3 KStG. Das heißt, die Anteile an der Organgesellschaft müssen sich in dem Gesamthandsvermögen der Personengesellschaft befinden. Das Halten der Beteiligung in einem Sonderbetriebsvermögen eines Gesellschafters der Personengesellschaft ist nicht ausreichend.[34]

Gemäß § 14 Abs. 1 Satz 1 Nr. 1 KStG muss die finanzielle Eingliederung ohne Unterbrechung während des gesamten Wirtschaftsjahres der Organgesellschaft bestehen. Auf das Kalenderjahr oder das Wirtschaftsjahr des Organträgers kommt es hierbei nicht an.[35]

Die finanzielle Eingliederung führt, neben dem Vorliegen eines Gewinnabführungsvertrages, zu der wirtschaftlichen Unselbständigkeit der Organgesellschaft. Diese wiederum ist die Ursache für die Einkommenszurechnung an den Organträger.[36]

---

[34] Frotscher, Körperschaftsteuer Gewerbesteuer, S. 106 und R 58 Satz 4 KStR.

[35] Frotscher, Körperschaftsteuer Gewerbesteuer, S. 107.

[36] Kaufer, Grenzüberschreitende Organschaft kraft Gemeinschaftsrecht, S. 17.

3.1.4 Gewinnabführungsvertrag

Als weitere Voraussetzung der körperschaftsteuerlichen Organschaft erfordern § 14 Abs. 1 KStG und § 17 KStG einen wirksamen Gewinnabführungsvertrag in dem Sinne des § 291 Abs. 1 AktG. Dieser muss gemäß § 14 Abs. 1 Satz 1 Nr. 3 KStG für eine Dauer von mindestens fünf Jahren abgeschlossen und tatsächlich durchgeführt werden.

Durch den Gewinnabführungsvertrag verpflichtet sich eine Aktiengesellschaft oder eine Kommanditgesellschaft auf Aktien ihren gesamten Gewinn an ein anderes Unternehmen abzuführen, § 291 Abs. 1 Satz 1 AktG. Spiegelbildlich muss aber auch ein Jahresfehlbetrag zwingend ausgeglichen werden (§ 302 Abs. 1 AktG). Diese Normen sind nur auf die genannten Rechtsträger unmittelbar anzuwenden. Allerdings kann auch eine Gesellschaft mit beschränkter Haftung einen Gewinnabführungsvertrag abschließen.[37] Die Verlustübernahme muss in diesem Fall laut § 17 Satz 2 Nr. 2 KStG ausdrücklich vereinbart werden.

Voraussetzung für die steuerliche Wirksamkeit des Gewinnabführungsvertrages ist seine zivilrechtliche Wirksamkeit.[38] Hierzu sind unter anderen die Schriftform (§ 293 Abs. 3 AktG), die Zustimmungen beider Gesellschafterversammlungen der den Vertrag schließenden Unternehmen (§ 293 Abs. 1, 2 AktG) und die Eintragung in das Handelsregister (§ 294 Abs. 1 AktG) erforderlich.[39] Des Weiteren muss der Gewinnabführungsvertrag gemäß § 304 Abs. 1 Satz 1 AktG eine angemessene Ausgleichszahlung an außen stehende Gesellschafter vorsehen. Deren Anspruch auf Gewinnausschüttungen kann aufgrund der Abführung des gesamten Gewinns an ein anderes Unternehmen nicht erfüllt werden. Das deutsche Aktienrecht sieht keine Mindestdauer für den Gewinnabführungsvertrag vor. § 14 Abs. 1 Satz 1 Nr. 3 KStG fordert hingegen, dass der Gewinnabführungsvertrag für mindestens fünf Jahre abgeschlossen und in dieser Zeit tatsächlich durchgeführt wird. Hiermit soll

---

37 BGH-Urteile vom 24.10.1988 II ZB 7/88, BGHZ 105, 324 (unter Tz. 19ff.) und vom 30.1.1992 II ZB 15/91, GmbHR 1992, 253 (unter Tz. 6ff.).

38 BFH-Urteile vom 30.7.1997 I R 7/97, BStBl. II 1998, 33 (unter Tz. 9) und vom 3.9.2009 IV R 38/07, BStBl. II 2010, 60 (unter Tz. 18).

39 Zu Einzelheiten siehe beispielsweise Mühl / Wagenseil, NZG 2009, 1253 (1254f.).

die missbräuchliche Nutzung des Gewinnabführungsvertrages für steuerliche Zwecke verhindert werden.[40]

Im Ergebnis stellt der Gewinnabführungsvertrag die „...rechtsdogmatische Rechtfertigung der körperschaftsteuerlichen Ergebniszurechnung.“ dar.[41] Der Reichsfinanzhof stellte diese Voraussetzung auf, um die Einkommenszurechnung zwischen zwei Steuersubjekten zu rechtfertigen.[42] Der Gewinnabführungsvertrag durchbricht das gesellschaftsrechtliche Trennungsprinzip. Diese Durchbrechung wird im Körperschaftsteuerrecht, wie dargelegt, durch die Aufgabe des Grundsatzes der Individualbesteuerung nachvollzogen.

3.2 Rechtsfolgen und Durchführung der Organschaftsbesteuerung

3.2.1 Einkommenszurechnung

Durch die körperschaftsteuerliche Organschaft wird das Einkommen der Organgesellschaft dem Organträger zugerechnet, § 14 Abs. 1 Satz 1 KStG. Die separat ermittelten Einkommen werden also zu einer Einheit zusammengefasst. Die Organgesellschaft bleibt zwar Steuersubjekt. Allerdings hat sie, eventuell mit Ausnahme einer Ausgleichszahlung,[43] kein Einkommen zu versteuern. Die Steuerart und der Tarif, unter die das Einkommen des Organkreises fällt, werden auf Ebene des Organträgers bestimmt. Somit ist es möglich, dass das von einer Kapitalgesellschaft als Organgesellschaft erwirtschaftete Einkommen dem progressiven Einkommensteuertarif unterliegt. Dies ist immer dann der Fall, wenn eine natürliche Person oder soweit eine aus natürlichen Personen bestehende Personengesellschaft Organträger ist.[44]

---

[40] Danelsing in Blümich EStG-KStG-GewStG, § 14 KStG, Rz. 128.

[41] Jochum, FR 2005, 577 (581f.); Siehe auch 2.1.

[42] Urteile des RFH vom 28.11.1934 I A 125/33, RStBl. 1935, 725 und vom 22.1.1935 I A 401/32, RStBl. 1935, 517.

[43] Siehe hierzu 3.2.2.3.

[44] Müller in Müller / Stöcker, Die Organschaft, S. 123f. und Sädtler in Dötsch / Franzen / Sädtler / Sell / Zenthöfer, Körperschaftsteuer, S. 317.

3.2.2 Einkommensermittlung der Organgesellschaft und des Organträgers

Die Einkommen von Organträger und Organgesellschaft sind jeweils unabhängig voneinander nach den allgemeinen Vorschriften (§ 8 Abs. 1 KStG) zu ermitteln.[45] Hierbei sind allerdings die folgenden Besonderheiten zu beachten.

3.2.2.1 Gewinnabführung

Durch die Gewinnabführung entsteht bei der Organgesellschaft handelsrechtlicher Aufwand. Steuerlich stellt die Gewinnabführung allerdings Einkommensverwendung dar. Weil eine solche gemäß § 8 Abs. 3 KStG das zu versteuernde Einkommen nicht mindern darf, ist der Betrag der Gewinnabführung außerbilanziell wieder hinzuzurechnen. Bei einer Verlustübernahme wäre dieser entsprechend abzuziehen.[46]

Spiegelbildlich ist bei der Ermittlung des eigenen Einkommens des Organträgers die als Ertrag erfasste Gewinnabführung wieder abzuziehen. Hierdurch wird eine doppelte Besteuerung vermieden. Denn der Betrag der Gewinnabführung ist auch in dem von der Organgesellschaft zugerechneten Einkommen enthalten. Hat der Organträger einen Verlust der Organgesellschaft übernommen, ist dieser handelsrechtliche Aufwand bei der Einkommensermittlung wieder hinzuzurechnen.[47]

3.2.2.2 Bruttomethode

§ 8b Abs. 1, 2, 3, 5 KStG bestimmen, dass 95 v.H. der Dividendenerträge und der Gewinne aus der Veräußerung einer Kapitalbeteiligung steuerfrei sind. Diese Regelung ist allerdings nur auf Rechtsträger anzuwenden, die unter das Körperschaftsteuergesetz fallen. Ihre Anwendung ist folglich rechtsformabhängig. Bei der Organschaft ist für die Anwendbarkeit einer Steuerfreistellung die Rechtsform des Organträgers

---

[45] Müller in Müller / Stöcker, Die Organschaft, S. 129 und Frotscher, Körperschaftsteuer Gewerbesteuer, S. 125, m.w.N.

[46] BFH-Urteil vom 26.1.1977 I R 101/75, BStBl. II 1977, 441 (unter Tz. 16).

[47] BFH-Urteile vom 29.10.1974 I R 240/72, BStBl. II 1975, 126 (unter Tz. 25f.) und vom 18.12.2002 I R 51/01, BStBl. II 2005, 49 (unter Tz. 11) sowie R 61 Abs. 1 Satz 2 KStR.

entscheidend. Deshalb kann bei der Einkommensermittlung der Organgesellschaft noch nicht darüber entschieden werden. Aus diesem Grund sind nach § 15 Satz 1 Nr. 2 KStG und § 15 Satz 2 KStG unter anderen § 8b Abs. 1-6 KStG und das abkommensrechtliche Schachtelprivileg bei der Ermittlung des Einkommens der Organgesellschaft nicht anzuwenden. Da das Einkommen dem Organträger ohne den Abzug um steuerfreie Einkünfte zugerechnet wird, wird diese Regelung als Bruttomethode bezeichnet.[48] Die Bruttomethode soll verhindern, dass auch natürliche Personen oder Personengesellschaften durch die Zwischenschaltung einer Kapitalgesellschaft als Organgesellschaft in den Genuss der oben genannten Steuerbefreiungen kommen.[49]

3.2.2.3 Ausgleichszahlungen

Ausgleichszahlungen stellen Leistungen an Gesellschafter dar. Solche dürfen nach § 8 Abs. 3 KStG das Einkommen der Gesellschaft nicht mindern. Als Betriebsausgaben haben sie aber zunächst den Gewinn der Organgesellschaft verringert. Deshalb werden sie bei deren Einkommensermittlung nach § 4 Abs. 5 Nr. 9 EStG als nichtabziehbare Betriebsausgabe wieder hinzugerechnet. Die Organgesellschaft hat gemäß § 16 KStG ein eigenes Einkommen in Höhe von 20/17 der Ausgleichszahlung zu versteuern. Dieses besteht aus der Ausgleichszahlung selbst und der hierauf entfallenden Körperschaftsteuer.[50]

3.2.2.4 Vororganschaftliche Verluste

Verluste der Organgesellschaft, die in der Zeit vor der Bildung der Organschaft entstanden sind, können während des Bestehens der Organschaft nicht genutzt werden. Denn § 15 Satz 1 Nr. 1 KStG untersagt den Verlustabzug nach § 10d EStG. Vororganschaftliche Verluste können somit nicht in die Zeit der Organschaft vorgetragen werden. Sie werden vielmehr eingefroren und können erst nach Beendigung der Organschaft wieder mit Gewinnen verrechnet werden. Auch ein Verlust-

---

[48] Frotscher, Körperschaftsteuer Gewerbesteuer, S. 127 und Heurung / Möbus, BB 2003, 766 (766f.).

[49] Heurung / Seidel, BB 2009, 472 (473); Ähnlich Dötsch, Einbindung von Personengesellschaften in einen Organkreis, S. 247.

[50] Frotscher, Körperschaftsteuer Gewerbesteuer, S. 139f.

ausgleich mit der von der Organgesellschaft selbst zu versteuernden Ausgleichszahlung ist nicht möglich. Verluste, die während des Bestehens der Organschaft entstehen, sind hiervon nicht betroffen da sie dem Organträger als negatives Einkommen zugerechnet werden.[51]

Auf Ebene des Organträgers bleibt § 10d EStG in vollem Umfang anwendbar. Somit könnte dieser einen vororganschaftlichen Verlust in der Zeit des Bestehens der Organschaft nutzen.[52]

3.2.2.5 Teilwertabschreibung

Der Organträger hat die Beteiligung an der Organgesellschaft gemäß § 6 Abs. 1 Nr. 2 Satz 1 EStG mit den Anschaffungskosten zu bewerten. Nach § 6 Abs. 1 Nr. 2 Satz 2 EStG kann grundsätzlich eine Abschreibung auf einen niedrigeren Teilwert vorgenommen werden. Diese kann allerdings nicht damit begründet werden, dass die Organgesellschaft ständig Verluste erwirtschaftet. Denn durch die Verlustübernahme des Organträgers tritt bei der Organgesellschaft keine Substanzminderung ein, die eine Teilwertabschreibung rechtfertigt. Zudem wird dadurch vermieden, dass sich, über die Verlustzurechnung hinaus, der Verlust der Organgesellschaft ein weiteres Mal bei dem Organträger auswirkt.[53]

§ 8b Abs. 3 Satz 3 KStG versagt allerdings eine Teilwertabschreibung, wenn der Organträger eine Körperschaft ist. Somit kann diese nur bei natürlichen Personen oder Personengesellschaften, soweit an ihnen keine Körperschaft beteiligt ist (§ 8b Abs. 6 Satz 1 KStG), vorgenommen werden.

---

[51] Danelsing in Blümich EStG-KStG-GewStG, § 15 KStG, Rz. 10f., § 16 KStG Rz. 20 und Neumann in Gosch, Körperschaftsteuergesetz, § 15 Rz. 2.

[52] Müller in Müller / Stöcker, Die Organschaft, S. 146.

[53] BFH-Urteil vom 17.9.1969 I 170/65, BStBl. II 1970, 48 (unter Tz. 12), rkr. Urteil des FG Hamburg vom 9.10.2007 6 K 262/04, EFG 2008, 466, (unter Tz. 43) und R 62 Abs. 3 Satz 2 KStR.

4 Die österreichische Gruppenbesteuerung im Vergleich mit der Organschaft

4.1 Voraussetzungen der Gruppenbesteuerung

4.1.1 Österreichische Regelung

4.1.1.1 Gruppenträger

Der Gruppenträger ist das Unternehmen, das an der Spitze der Unternehmensgruppe steht. Dieses versteuert neben seinem eigenen Ergebnis die ihm zugerechneten Ergebnisse der Gruppenmitglieder. Mögliche Gruppenträger werden in § 9 Abs. 3 öKStG abschließend aufgezählt.

Zu den inländischen unbeschränkt steuerpflichtigen Kapitalgesellschaften (§ 9 Abs. 3 Ts. 1-4 öKStG) gehören, unter anderen, die Aktiengesellschaft, die Gesellschaft mit beschränkter Haftung und die Europäische Gesellschaft. An den Unternehmensgegenstand werden keine Anforderungen gestellt. Der Gruppenträger muss folglich keine eigene betriebliche Tätigkeit ausüben, sondern kann auch ausschließlich vermögensverwaltend tätig sein.[54]

Des Weiteren können auch ausländische beschränkt steuerpflichtige Gesellschaften Gruppenträger sein. Hierunter fallen gemäß § 9 Abs. 3 Ts. 5 öKStG in der Europäischen Union ansässige Gesellschaften in dem Sinne der Mutter-Tochter-Richtlinie,[55] soweit sie mit den genannten, gruppenträgerfähigen Kapitalgesellschaften aus Österreich vergleichbar sind. Weiterhin kann auch eine Gesellschaft mit Sitz und Geschäftsleitung in einem Staat des Europäischen Wirtschaftsraumes Gruppenträger sein, wenn sie mit einer österreichischen Kapitalgesellschaft vergleichbar ist. Bei der Bestimmung der Vergleichbarkeit sind in dem Rahmen eines Typenvergleichs insbesondere der rechtli-

---

[54] Wiesner / Kirchmayr / Mayr, Gruppenbesteuerung, S. 54f., Reinweber / Seiser, Die Gruppenbesteuerung, S. 15 sowie öKStR 2001, Rz. 375.

[55] Richtlinie 90/435/EWG des Rates vom 23. Juli 1990 über das gemeinsame Steuersystem für Mutter- und Tochtergesellschaften verschiedener Mitgliedstaaten, Amtsblatt L 225 vom 20.8.1990.

che Aufbau und die wirtschaftliche Stellung relevant.[56] Weitere Voraussetzungen der Gruppenträgerfähigkeit sind, dass die ausländische Gesellschaft eine in dem österreichischen Firmenbuch[57] eingetragene Zweigniederlassung unterhält und dass dieser die Beteiligung an den Gruppenmitgliedern zuzurechnen ist. Eine Zurechnung ist gegeben, wenn die Beteiligungen in dem Betriebsvermögen der Zweigniederlassung gehalten werden.[58] Diese beiden Voraussetzungen bewirken, dass das Einkommen der Gruppenmitglieder der durch die Zweigniederlassung begründeten Betriebsstätte zugerechnet wird. Somit bleibt die Besteuerungshoheit der Republik Österreich über die Gewinne der Gruppenmitglieder auch bei einem ausländischen Gruppenträger gewahrt.[59]

Eine doppelt ansässige ausländische Körperschaft kann ebenfalls Gruppenträger sein (§ 9 Abs. 3 öKStG). Hierunter fallen Gesellschaften, die aufgrund der in Österreich belegenen Geschäftsleitung oder ihres österreichischen Sitzes unbeschränkt steuerpflichtig sind. Auch für sie wird eine in dem Firmenbuch eingetragene Zweigniederlassung und die Zurechnung der Beteiligungen an den Gruppenmitgliedern zu dieser vorausgesetzt.[60]

Gemäß § 9 Abs. 3 Ts. 6 öKStG kann auch eine Beteiligungsgemeinschaft als Gruppenträger fungieren. Diese ist eine Vereinigung von Körperschaften, die auch alleine die persönlichen Voraussetzungen als Gruppenträger erfüllen, siehe oben. Eine Beteiligungsgemeinschaft kann als Personengesellschaft, als Beteiligungssyndikat oder durch die gemeinsame Kontrolle der Beteiligten begründet werden. Als Personengesellschaft kommen insbesondere die Gesellschaft bürgerlichen Rechts, die offene Handelsgesellschaft und die Kommanditgesellschaft in Frage. Ein Beteiligungssyndikat wird durch einen schriftlichen Syndikatsvertrag gebildet. In diesem verpflichten sich die Vertragspartner zu

---

56 Grundlegend Urteil des RFH vom 12.2.1930 VI A 899/27, RStBl. 1930, 44 („Venezuela-Urteil") und öKStR 2001, Rz. 551.

57 Von den Landgerichten geführtes öffentliches Verzeichnis, welches der Verzeichnung und Offenlegung von Tatsachen, die nach den handelsrechtlichen Vorschriften einzutragen sind, dient.

58 Wiesner / Kirchmayr / Mayr, Gruppenbesteuerung, S. 60.

59 Oberascher / Staringer, Gruppenträger und Gruppenmitglied, S. 40.

60 ÖKStR 2001, Rz. 377.

einer einheitlichen und gemeinsamen Verwaltung der Beteiligung an dem Gruppenmitglied. Dies betrifft insbesondere die Ausübung des Stimmrechts in der Hauptversammlung.[61] Eine gemeinsame Kontrolle liegt vor, wenn die einheitliche und gemeinsame Verwaltung nicht auf einem Syndikatsvertrag, sondern auf dem faktisch einheitlichen Verhalten der Beteiligten beruht.[62]

4.1.1.2 Gruppenmitglieder

Gruppenmitglieder sind die Körperschaften, die in einer Unternehmensgruppe unterhalb des Gruppenträgers vereinigt sind. Das österreichische Steuerrecht bezeichnet die Gruppenmitglieder, je nach Funktion, auch als Beteiligungskörperschaft oder als beteiligte Körperschaft. Eine Beteiligungskörperschaft ist jedes untergeordnete Gruppenmitglied. Da alle Gruppenmitglieder dem Gruppenträger untergeordnet sind, ist jedes Gruppenmitglied Beteiligungskörperschaft. Ein Gruppenmitglied, das einem anderen Gruppenmitglied übergeordnet ist, wird als beteiligte Körperschaft bezeichnet.[63]

Grafische Darstellung 1: Beteiligungskörperschaft und beteiligte Körperschaft[64]

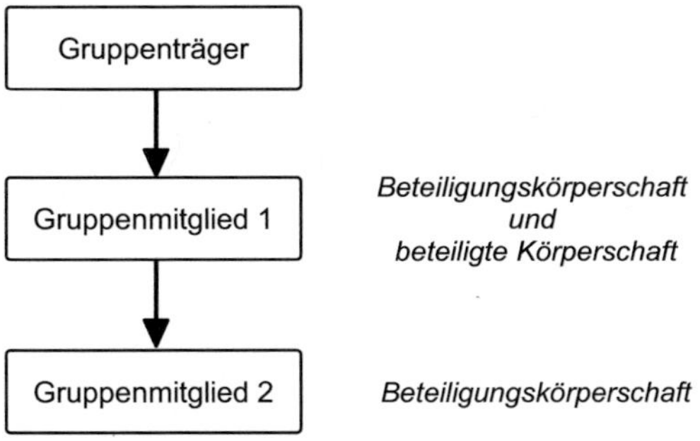

Gruppenmitglied 1 ist Beteiligungskörperschaft, da es dem Gruppenträger untergeordnet ist. Des Weiteren ist es beteiligte Körperschaft, da es dem Gruppenmitglied 2 übergeordnet ist.

Gruppenmitglied 2 ist nur Beteiligungskörperschaft.

---

[61] Wiesner / Kirchmayr / Mayr, Gruppenbesteuerung, S. 63ff.

[62] Stefaner / Weninger, ecolex 2004, 508 (515).

[63] ÖKStR 2001, Rz. 363 und Reinweber / Seiser, Die Gruppenbesteuerung, S. 17.

[64] Aus Wiesner / Kirchmayr / Mayr, Gruppenbesteuerung, S. 34.

Als mögliche Gruppenmitglieder qualifizieren unter anderem unbeschränkt steuerpflichtige Kapitalgesellschaften, § 9 Abs. 2 Ts. 1 öKStG. Hierzu gehören die Aktiengesellschaft, die Gesellschaft mit beschränkter Haftung und die Europäische Gesellschaft. Da auch doppelt ansässige Körperschaften unbeschränkt steuerpflichtig sind, kommen auch sie als Gruppenmitglied in Frage.[65]

Gemäß § 9 Abs. 3 Ts. 2 öKStG können auch nicht unbeschränkt steuerpflichtige ausländische Körperschaften als Gruppenmitglied fungieren. Diese müssen allerdings mit inländischen Kapitalgesellschaften vergleichbar sein.[66] Die ausländische Körperschaft darf weder Sitz noch Geschäftsleitung in Österreich haben. Ansonsten wäre sie nicht „nicht unbeschränkt steuerpflichtig".[67] Der Kreis der ausländischen Körperschaften, die in die Gruppe einbezogen werden können, ist hierbei ausdrücklich nicht auf solche innerhalb der Europäischen Gemeinschaft beschränkt. Somit kann beispielsweise auch eine US-amerikanische Gesellschaft Gruppenmitglied sein.[68] Ausländische Gruppenmitglieder dürfen ausschließlich mit unbeschränkt steuerpflichtigen Gruppenmitgliedern oder mit dem Gruppenträger finanziell verbunden sein, § 9 Abs. 2 Ts. 2 öKStG. Somit besteht eine Beschränkung im Hinblick auf Tochtergesellschaften von ausländischen Gruppenmitgliedern.[69]

Ein inländisches unbeschränkt steuerpflichtiges Gruppenmitglied kann gemäß § 9 Abs. 2 öKStG auch Mitbeteiligter einer Beteiligungsgemeinschaft sein. Eine derartige Beteiligungsgemeinschaft steht folglich nicht an der Spitze der Unternehmensgruppe, sondern befindet sich auf einer mittleren Ebene der Gruppe. Ausländische Gruppenmitglieder sind hiervon ausgeschlossen.[70]

---

[65] ÖKStR 2001, Rz. 368 und Wiesner / Kirchmayr / Mayr, Gruppenbesteuerung, S. 39f.

[66] Zur Vergleichbarkeit siehe Ausführungen zu dem Gruppenträger unter 4.1.1.1.

[67] Oberascher / Staringer, Gruppenträger und Gruppenmitglied, S. 47.

[68] Hirschler / Schindler, IStR 2004, 505 (508) und Oberascher / Staringer, Gruppenträger und Gruppenmitglied, S. 47, m.w.N.

[69] Zu einem besseren Verständnis wird diese Beschränkung zusammen mit weiteren Regelungen zu ausländischen Gruppenmitgliedern erst am Ende des nächsten Kapitels erläutert, siehe 4.1.1.3.5.

[70] ÖKStR 2001, Rz. 372f.; Zu einer Beteiligungsgemeinschaft auf mittlerer Ebene siehe Beispiel 4 unter 4.1.1.3.4.

4.1.1.3 Finanzielle Verbindung

Eine weitere Voraussetzung der Bildung einer Unternehmensgruppe ist die finanzielle Verbindung zwischen der beteiligten Körperschaft und der Beteiligungskörperschaft, § 9 Abs. 1, 4 öKStG. Nach dem Sinn und Zweck der Vorschrift gilt dieses Erfordernis nicht nur zwischen Gruppenmitgliedern (beteiligte Körperschaft und Beteiligungskörperschaft), sondern auch in dem Verhältnis zwischen Gruppenträger und übergeordnetem Gruppenmitglied.[71] Eine finanzielle Verbindung liegt vor, wenn die beteiligte Körperschaft mehr als 50 v.H. des Grund- bzw. Stammkapitals und der Stimmrechte der Beteiligungskörperschaft besitzt. Dieses doppelte Mehrheitserfordernis soll vermutlich der Verhinderung von Missbräuchen dienen.[72] Die finanzielle Verbindung kann auf unterschiedlichen Wegen hergestellt werden. Der Wortlaut des § 9 Abs. 4 öKStG sieht vier verschiedene Möglichkeiten vor. Die Finanzverwaltung hingegen erlaubt eine sehr großzügige, teilweise von dem genauen Wortlaut abweichende Anwendung, sowie eine Kombination der einzelnen Möglichkeiten.[73]

4.1.1.3.1 Unmittelbare Beteiligung

Eine finanzielle Verbindung kann durch eine unmittelbare Beteiligung an dem Kapital und an den Stimmrechten der Beteiligungskörperschaft begründet werden, vergleiche § 9 Abs. 4 Ts. 1 öKStG.

4.1.1.3.2 Mittelbare Beteiligung über eine Personengesellschaft

Gemäß § 9 Abs. 4 Ts. 2 öKStG ist eine finanzielle Verbindung auch mittelbar über eine Personengesellschaft möglich. Diese mittelbare Beteiligung kann wahlweise auch mit einer unmittelbaren Beteiligung an dem Gruppenmitglied kombiniert werden, um das Erfordernis von 50 v.H. des Kapitals und der Stimmrechte zu erreichen. Die Beteiligung an der vermittelnden Personengesellschaft muss mehr als 50 v.H. be-

[71] Wiesner / Kirchmayr / Mayr, Gruppenbesteuerung, S. 77.

[72] Stefaner / Weninger, ecolex 2004, 508 (511).

[73] Hier sollen nur die Möglichkeiten des § 9 Abs. 4 öKStG erläutert werden. Die weiteren Varianten können Anlage 2 entnommen werden.

tragen, damit diese beherrscht wird. Nur dann kommt deren Einfluss auf die Beteiligungskörperschaft zum Tragen.[74]

Für die Bestimmung, ob die Kapital- und Stimmrechtsmehrheit gegeben sind, werden die Beteiligungshöhen durchgerechnet.[75] Die Personengesellschaft dient ausdrücklich nur der Vermittlung einer finanziellen Verbindung. Sie wird hierdurch, schon mangels Erfüllung der persönlichen Voraussetzungen, nicht zu einem Gruppenmitglied.

Beispiel 2: Finanzielle Verbindung über eine Personengesellschaft

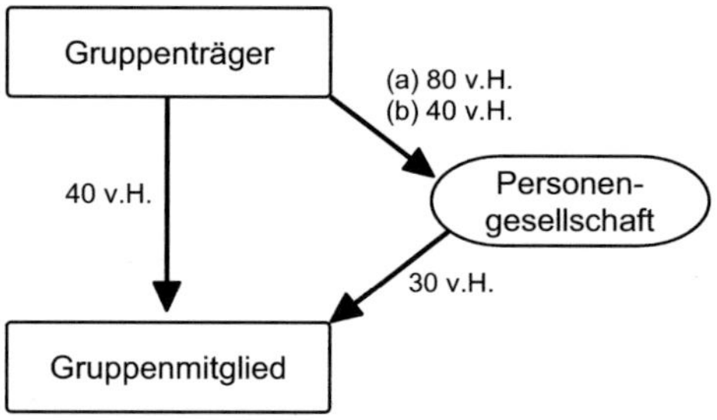

Alternative (a)

Eine finanzielle Verbindung liegt vor, da der Gruppenträger zu 40 v.H. unmittelbar und zu 24 v.H. (= 80 v.H. x 30 v.H.) mittelbar, insgesamt also zu 64 v.H., an dem Gruppenmitglied beteiligt ist.

Alternative (b)

Es liegt keine finanzielle Verbindung vor. Zwar ist der Gruppenträger unmittelbar zu 40 v.H. und mittelbar zu 12 v.H. (= 40 v.H. x 30 v.H.), insgesamt also zu 52 v.H., an dem Gruppenmitglied beteiligt. Allerdings kann die mittelbare Beteiligung über die Personengesellschaft nicht berücksichtigt werden, da der Gruppenträger die Personengesellschaft nicht beherrscht.

---

[74] ÖKStR 2001, Rz. 387ff., Wiesner / Kirchmayr / Mayr, Gruppenbesteuerung, S. 84ff. und Stefaner / Weninger, RWZ 2004, 296 (297).

[75] ÖKStR 2001, Rz. 387, Stefaner / Weninger, RWZ 2004, 296 (297), dieselben, ecolex 2004, 508 (514) und Wolf, UFS aktuell 2005, 252 (254), a.A. hingegen Hofstätter / Plansky / Stefaner / Weninger, GeS 2005, 24 (26) und Wiesner / Kirchmayr / Mayr, Gruppenbesteuerung, S. 91, nach der die Stimmrechtsquote in voller Höhe angesetzt wird.

4.1.1.3.3 Mittelbare Beteiligung über ein Gruppenmitglied

Als dritte Möglichkeit der Herstellung einer finanziellen Verbindung kommt eine mittelbare Beteiligung über eine oder mehrere Kapitalgesellschaft(en) in Frage. Gemäß § 9 Abs. 4 Ts. 3 öKStG muss bzw. müssen diese Gruppenmitglied(er) sein. Hierin liegt folglich ein Unterschied zwischen einer mittelbaren Beteiligung über eine Personen- oder über eine Kapitalgesellschaft.[76] Weitere Voraussetzungen sind, dass diese Beteiligung an der vermittelnden Körperschaft unmittelbar gehalten wird und diese Körperschaft selbst nicht finanziell mit der Beteiligungskörperschaft verbunden ist. Denn ansonsten würde dadurch schon eine finanzielle Verbindung zwischen beteiligter Körperschaft und Beteiligungskörperschaft entstehen. Dann wäre die mittelbare Beteiligung unbeachtlich, weil eine unmittelbare Beteiligung vorrangig zu berücksichtigen ist.[77] Für die Ermittlung der Höhe der mittelbaren Beteiligung des Gruppenträgers an dem Gruppenmitglied wendet die österreichische Finanzverwaltung die Durchrechnungsmethode an.[78] Das vermittelnde Gruppenmitglied kann sowohl ein inländisches als auch ein ausländisches sein.[79] Wird die finanzielle Verbindung nur über ein Gruppenmitglied hergestellt, ist neben dieser Beteiligung eine unmittelbare Beteiligung des Gruppenträgers an dem Gruppenmitglied notwendig.[80]

---

[76] Obermair / Stefaner, Die finanzielle Verbindung als Voraussetzung der Gruppenbesteuerung, S. 79.

[77] ÖKStR 2001, Rz. 392.

[78] ÖKStR 2001, Rz. 392, ebenso Wiesner / Kirchmayr / Mayr, Gruppenbesteuerung, S. 94; A.A. Obermair / Stefaner, Die finanzielle Verbindung als Voraussetzung der Gruppenbesteuerung, S. 81ff. und Stefaner / Weninger, RWZ 2004, 296 (297), die sich für einen Ansatz der vollen Beteiligungshöhe aussprechen (Winner-takes-it-all-Prinzip).

[79] Wiesner / Kirchmayr / Mayr, Gruppenbesteuerung, S. 93; Detaillierte Ausführungen zu ausländischen Gruppenmitgliedern siehe 4.1.1.3.5.

[80] Erl. zur RV, 451 dB XXII. GP, 19f (Regierungsvorlage des StReformG 2005).

Beispiel 3: Finanzielle Verbindung über ein Gruppenmitglied

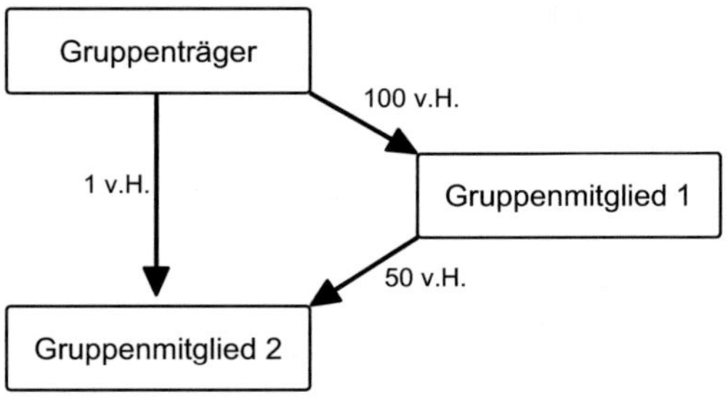

Das Beispiel zeigt, dass die mittelbare Beteiligung über ein Gruppenmitglied (Gruppenmitglied 1), unabhängig von der Berechnungsmethode, höchstens eine Beteiligung von 50 v.H. vermitteln kann. Um eine finanzielle Verbindung zwischen dem Gruppenträger und dem Gruppenmitglied 2 herzustellen, muss also immer eine unmittelbare Beteiligung hinzutreten.

Die zweite Variante des § 9 Abs. 4 Ts. 3 öKStG sieht eine mittelbare Beteiligung über mehrere Gruppenmitglieder vor. In diesem Fall muss der Gruppenträger keine unmittelbare Beteiligung an dem Gruppenmitglied halten.[81]

4.1.1.3.4 Beteiligung über eine Beteiligungsgemeinschaft

Eine Beteiligungsgemeinschaft muss gemäß § 9 Abs. 4 Ts. 4 öKStG ebenfalls eine Kapital- und Stimmrechtsmehrheit an der Beteiligungskörperschaft inne haben. Allerdings müssen die einzelnen Beteiligten der Beteiligungsgemeinschaft weitere Voraussetzungen erfüllen. Ein Beteiligter muss zu mindestens 40 v.H. an dem Gruppenmitglied beteiligt sein. Dieser wird als Hauptbeteiligter bezeichnet. Alle weiteren Mitglieder der Beteiligungsgemeinschaft, die sogenannten Minderbeteiligten, müssen eine Beteiligung von mindestens 15 v.H. an dem Gruppenmitglied besitzen. Folglich kann die Beteiligungsgemeinschaft aus höchstens fünf Mitbeteiligten bestehen.[82] Des Weiteren ergibt sich aus diesen erweiterten Anforderungen, dass die Beteiligungsgemeinschaft in jedem Fall eine Mehrheit von mindestens 55 v.H. des Kapitals und der Stimmrechte an dem Gruppenmitglied bündelt.

[81] ÖKStR 2001, Rz. 393.
[82] ÖKStR 2001, Rz. 395.

Die Beteiligungsgemeinschaft kann entweder unmittelbar oder mittelbar über eine Personengesellschaft an dem Gruppenträger beteiligt sein, § 9 Abs. 4 Ts. 4 öKStG. Die mittelbare Beteiligung an der Personengesellschaft ist hierbei durchzurechnen. Die Beteiligungserfordernisse in Höhe von 40 v.H. des Hauptbeteiligten und 15 v.H. des Minderbeteiligten sind auch in diesem Fall zu erfüllen.[83]

Die Bildung einer Beteiligungsgemeinschaft kann insbesondere dazu dienen, die für die nötige finanzielle Verbindung erforderliche Kapital- und Stimmrechtsmehrheit zu erreichen.[84] Dies soll in dem folgenden Beispiel anhand einer Beteiligungsgemeinschaft auf mittlerer Ebene verdeutlicht werden.

Beispiel 4: Finanzielle Verbindung über eine Beteiligungsgemeinschaft

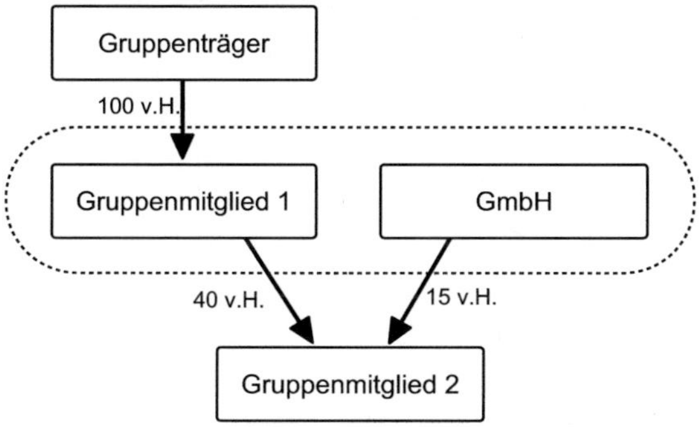

Weder der Gruppenträger noch das Gruppenmitglied 1 sind alleine ausreichend finanziell mit dem Gruppenmitglied 2 verbunden. Bilden allerdings Gruppenmitglied 1 und die außenstehende GmbH eine Beteiligungsgemeinschaft, ist diese ausreichend finanziell mit dem Gruppenmitglied 2 verbunden. Die GmbH wird hierbei ausdrücklich kein Mitglied der Unternehmensgruppe. Diese besteht lediglich aus dem Gruppenträger und den beiden Gruppenmitgliedern 1 und 2.

[83] ÖKStR 2001, Rz. 396 und Erl. zur RV, 686 dB XXII. GP, 18 (Regierungsvorlage des AbgÄG 2004).
[84] Erl. zur RV, 451 dB XXII. GP, 18.

4.1.1.3.5 Ausländische Gruppenmitglieder

An dieser Stelle soll die oben[85] angedeutete Beschränkung in Bezug auf Tochtergesellschaften von ausländischen Gruppenmitgliedern wieder aufgegriffen werden. Ein ausländisches Gruppenmitglied darf gemäß § 9 Abs. 2 Ts. 2 öKStG ausschließlich mit einem unbeschränkt steuerpflichtigen Gruppenmitglied oder mit dem Gruppenträger finanziell verbunden sein. Demnach können Tochtergesellschaften von ausländischen Gruppenmitgliedern nicht in die Unternehmensgruppe einbezogen werden. Folglich ist der Kreis der möglichen Gruppenmitglieder auf eine ausländische Konzernebene beschränkt. Diese Beschränkung gilt selbst dann, wenn die Tochtergesellschaft der ausländischen Körperschaft in Österreich ansässig ist. Im Ergebnis können also nur inländische Körperschaften beteiligte Körperschaften sein.[86]

Ausländische Gruppenmitglieder können allerdings eine mittelbare Beteiligung vermitteln, § 9 Abs. 4 Ts. 3 öKStG.[87] Aufgrund der beschriebenen Einschränkung kann diese höchstens 50 v.H. des Kapitals und der Stimmrechte betragen. Somit muss in jedem Fall eine unmittelbare Beteiligung des Gruppenträgers an der Beteiligungskörperschaft bestehen.

[85] Siehe 4.1.1.2.

[86] ÖKStR 2001, Rz. 369ff. und Wiesner / Kirchmayr / Mayr, Gruppenbesteuerung, S. 46ff. Zur Verdeutlichung siehe Beispiel 5, Alternative (a) auf der nächsten Seite.

[87] ÖKStR 2001, Rz. 399.

Beispiel 5: Ausländische Gruppenmitglieder

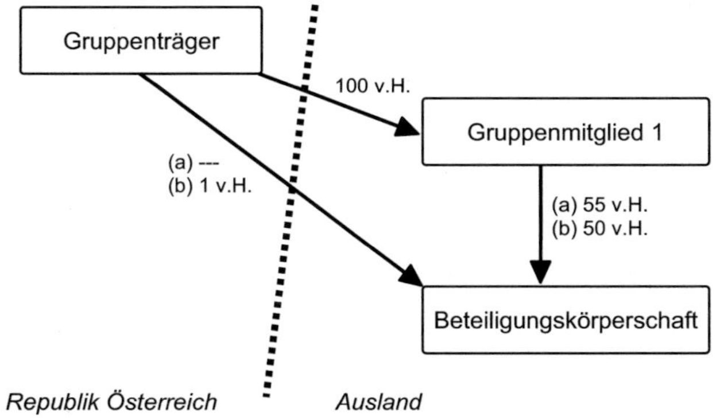

Alternative (a)

Die ausländische Beteiligungskörperschaft ist mit dem ebenfalls ausländischen Gruppenmitglied 1 finanziell verbunden. Dies schließt ihre Eignung als Gruppenmitglied aus.

Alternative (b)

Zwischen Gruppenmitglied 1 und der Beteiligungskörperschaft besteht keine finanzielle Verbindung. Allerdings ermöglicht die Beteiligung des Gruppenmitgliedes 1 an der Beteiligungskörperschaft dem Gruppenträger die finanzielle Verbindung mit der Beteiligungskörperschaft. Diese kann somit Gruppenmitglied sein.

4.1.1.4 Gruppenantrag

Die einzige formale Voraussetzung der Bildung einer Unternehmensgruppe ist ein schriftlicher Gruppenantrag. Ob eine Gruppe gebildet werden soll, kann somit vollkommen frei gewählt werden. Auch der Kreis der in die Gruppe einzubeziehenden Unternehmen kann relativ frei bestimmt werden. Die einzige Beschränkung besteht darin, dass in einer Kette von finanziell verbundenen Körperschaften eine Zwischenkörperschaft nicht ausgelassen bzw. „übersprungen“ werden darf. Unternehmen an dem oberen oder unteren Ende der Konzernstruktur brauchen hingegen nicht einbezogen werden.[88]

[88] ÖKStR 2001, Rz. 384 und Wiesner / Kirchmayr / Mayr, Gruppenbesteuerung, S. 82.

In dem Gruppenantrag sind der Gruppenträger und alle Gruppenmitglieder anzugeben und die Beteiligungs- und Stimmrechtsverhältnisse darzulegen, § 9 Abs. 8 Ts. 4 öKStG. Der Gruppenantrag muss nachweislich vor dem Ende des Wirtschaftsjahres unterzeichnet werden, in dem die Gruppe erstmals bestehen soll (§ 9 Abs. 8 Ts. 2 öKStG). Innerhalb eines Monats ist der Antrag auf Gruppenbesteuerung bei dem für den Gruppenträger zuständigen Finanzamt zu stellen.[89]

Gemäß § 9 Abs. 8 Ts. 3 öKStG ist in dem Gruppenantrag zu bestätigen, dass eine Vereinbarung über den Steuerausgleich getroffen wurde. Der Steuerausgleich ist eine Zahlung zwischen dem Gruppenträger und den Gruppenmitgliedern, um die durch die Einkommenszurechnung bewirkte Verschiebung der Körperschaftsteuerlast zu korrigieren. Versteuert der Gruppenträger nämlich das Einkommen des Gruppenmitgliedes, wird dieses um die darauf entfallende Körperschaftsteuer entlastet. In dem Fall einer Verlustzurechnung an den Gruppenträger kann er diesen nutzen und muss das Gruppenmitglied für diesen Vorteil entschädigen. Es ist zwar nicht anzugeben, wie die Steuerumlage konkret ausgestaltet ist, ein Verzicht auf diese würde der Gruppenbildung aber entgegenstehen.[90]

Die Unternehmensgruppe muss laut § 9 Abs. 10 öKStG über eine Mindestdauer von drei vollen Wirtschaftsjahren bestehen. Scheidet der Gruppenträger innerhalb dieses Zeitraums aus oder wird die Gruppe aus anderen Gründen beendet, wird die Gruppe ex tunc als nicht entstanden behandelt. Ihre steuerlichen Wirkungen müssen rückgängig gemacht werden.[91]

4.1.2 Rechtsvergleich

4.1.2.1 Organträger und Gruppenträger

Eingangs soll der Kreis der Rechtsträger, die an der Spitze der Unternehmensgruppe stehen können, betrachtet werden. Hierbei fallen zwei

[89] ÖKStR 2001, Rz. 1560.

[90] Hristov / Weninger, Der Steuerausgleich im Rahmen der Gruppenbesteuerung, S. 321 und öKStR 2001, Rz. 1563. Zu der steuerlichen Behandlung siehe 4.2.2.2.

[91] Wiesner / Kirchmayr / Mayr, Gruppenbesteuerung, S. 221.

Abweichungen zwischen dem österreichischen und dem deutschen Steuerrecht auf. Während in Deutschland auch natürliche Personen und Personengesellschaften als Organträger in Frage kommen, können in Österreich nur Körperschaften Gruppenträger sein. Hieran ändert auch die Möglichkeit der Bildung einer Beteiligungsgemeinschaft in Form einer Personengesellschaft nichts, denn deren Beteiligte müssen wiederum gruppenträgerfähige Körperschaften sein. Somit kann allein eine Körperschaft an der Spitze der Unternehmensgruppe stehen. In Bezug auf Vereinigungen von Gruppenträgern bietet das österreichische Steuerrecht weitergehende Möglichkeiten. Mehrmütterorganschaften können in Deutschland nicht mehr gebildet werden, während Beteiligungsgemeinschaften in Österreich möglich sind.

Auch in Bezug auf die Tätigkeit des Gruppenträgers unterscheiden sich die beiden Rechtskreise. Nach dem deutschen Steuerrecht muss der Organträger ein gewerbliches Unternehmen betreiben. Hiermit soll sichergestellt werden, dass das gesamte Einkommen des Organkreises der Gewerbesteuer unterliegt.[92] Folglich ist die Errichtung einer rein vermögensverwaltenden Holding in der Form einer Personengesellschaft in Deutschland nicht möglich. In Österreich hingegen kann der Gruppenträger auch vermögensverwaltend tätig sein. In diesem Punkt bietet die Bundesrepublik Deutschland folglich geringere Möglichkeiten bei der Planung und Errichtung von Konzernstrukturen. Ursächlich hierfür ist die Aufteilung der Ertragsbesteuerung in Körperschaftsteuer und Gewerbesteuer[93] mit jeweils relativ niedrigen Steuersätzen. Aus Sicht des deutschen Fiskus ist es allerdings nur verständlich, die Verlagerung von Einkommen in eine nicht der Gewerbesteuer unterliegende, vermögensverwaltende Personengesellschaft verhindern zu wollen. Abschließend muss dem deutschen Steuergesetzgeber noch zu Gute gehalten werden, dass die Beschränkung auf gewerbliche Unternehmen daraus resultiert, dass die Organträgereignung relativ vielen Rechtsformen offensteht. Wäre diese, wie in Österreich, auf Körperschaften beschränkt, ergäbe sich dieses Problem nicht.

92 Kirchner in Kirchner / Torwegge / Rüth, Holding und Beteiligung, S. 71.

93 Zu der Gewerbesteuer als Ertragssteuer siehe Hartmann, BB 2008, 2490 (2494).

Sowohl die Bundesrepublik Deutschland als auch die Republik Österreich lassen auch doppelt ansässige Körperschaften als Organ- bzw. Gruppenträger zu. Das deutsche Steuerrecht erlaubt nur solche mit Geschäftsleitung im Inland und Sitz im Ausland. In Österreich hingegen sind beide möglichen Ausprägungen, also eine Geschäftsleitung im Inland und ein ausländischer Sitz oder ein inländischer Sitz und eine ausländische Geschäftsleitung, möglich. In letzterem Fall würde Österreich durch Art. 7 Abs. 1 Satz 1, 1. Hs. OECD-MA allerdings regelmäßig das Besteuerungsrecht an den Gewinnzurechnungen der Gruppenmitglieder verlieren. Denn Art. 4 Abs. 3 OECD-MA erklärt eine doppelansässige Person als in dem Staat der Geschäftsleitung ansässig. Aus diesem Grund stellt die Republik Österreich das zusätzliche Erfordernis der inländischen Zweigniederlassung und das Halten der Beteiligung an den Gruppenmitgliedern durch diese auf.[94] In dem deutschen Steuerrecht ist dieses Erfordernis durch die vorgelagerte Beschränkung auf doppelt ansässige Körperschaften mit inländischer Geschäftsleitung nicht nötig.

Ausländische beschränkt steuerpflichtige Körperschaften müssen in beiden Staaten jeweils eine inländische Betriebsstätte begründen. Während der Kreis der ausländischen Gruppenträger in Österreich auf solche aus der Europäischen Union bzw. dem Europäischen Wirtschaftsraum beschränkt ist, besteht diese Einschränkung nach deutschem Steuerrecht nicht.

4.1.2.2 Organgesellschaft und Gruppenmitglied

Als Organgesellschaft bzw. Gruppenmitglied kommen in beiden Staaten nur Körperschaften in Frage. Personengesellschaften können diese Funktion nicht übernehmen. Ihre Einkünfte werden aufgrund des Transparenzprinzips allerdings auch unabhängig von einer Organschaft oder Unternehmensgruppe ihrem Gesellschafter zugerechnet und von diesem versteuert.

Die Ansässigkeitserfordernisse an Organgesellschaften sind deutlich strenger als an Gruppenmitglieder. Da Organgesellschaften einen dop-

---

94 Oberascher / Staringer, Gruppenträger und Gruppenmitglied, S. 44.

pelten Inlandsbezug aufweisen müssen, reicht für sie noch nicht einmal eine unbeschränkte Steuerpflicht durch den statuarischen Sitz oder die Geschäftsleitung in Deutschland aus. Gruppenmitglieder können hingegen weltweit ansässig sein. Hiermit wurde das Ziel des österreichischen Gesetzgebers, möglichst vielen Konzernunternehmen den Zugang zu der steuerlichen Unternehmensgruppe zu ermöglichen, umgesetzt. Dadurch sollten Zweifel an der Europarechtskonformität der früheren österreichischen Organschaft beseitigt werden. Denn bei dieser war eine grenzüberschreitende Organschaft nicht möglich.[95] Der größte Unterschied in den persönlichen Voraussetzungen zwischen der deutschen Organschaft und der österreichischen Gruppenbesteuerung liegt folglich darin, dass letztere auch grenzüberschreitend gebildet werden kann.

4.1.2.3 Finanzielle Eingliederung und finanzielle Verbindung

Die finanzielle Eingliederung und die finanzielle Verbindung gleichen sich auf den ersten Blick. In beiden Fällen muss der übergeordnete Rechtsträger eine Mehrheit von über 50 v.H. an der Organgesellschaft bzw. an dem Gruppenmitglied halten. Allerdings bezieht sich dieses Mehrheitserfordernis in Deutschland nur auf die Stimmrechte. Bei der Gruppenbesteuerung ist darüber hinaus auch eine mehrheitliche Kapitalbeteiligung nötig. In beiden Rechtskreisen können diese durch eine Vielzahl an unterschiedlichsten Varianten hergestellt werden.

Sowohl in Österreich als auch in Deutschland ist die Berechnungsweise bei mittelbaren Beteiligungen, also eine Durchrechnung oder ein vollständiger Ansatz der Beteiligung an der Organgesellschaft bzw. dem Gruppenmitglied, umstritten. Hierbei sollte meines Erachtens auf den Sinn und Zweck des Erfordernisses der finanziellen Eingliederung bzw. Verbindung abgestellt werden. Dieser liegt sowohl in Österreich als auch in Deutschland darin, dass das übergeordnete Unternehmen seinen Willen durchsetzen kann. Denn nur dann kann die untergeordnete Körperschaft nicht mehr als wirtschaftlich eigenständig betrachtet werden. Erst dies rechtfertigt es, das Prinzip der Individualbesteuerung zu durchbrechen. Übt das an der Spitze der Unternehmensgruppe ste-

[95] Erl. zur RV, 451 dB XXII. GP, 6 und Lang, ÖStZ 2003, 254 (256, 260f.).

hende Unternehmen seinen Willen auf die abhängigen Unternehmen aus, so kann es dies nur zur Gänze tun. Der Wille wird nicht etwa, weil er über mehrere Unternehmen vermittelt wird, verwässert. Gerade dies ist aber bei der Durchrechnungsmethode der Fall. Somit überzeugt allein der Ansatz der vollen Beteiligungshöhe.

Beispiel 6: Rechenmethode bei mittelbaren Beteiligungen

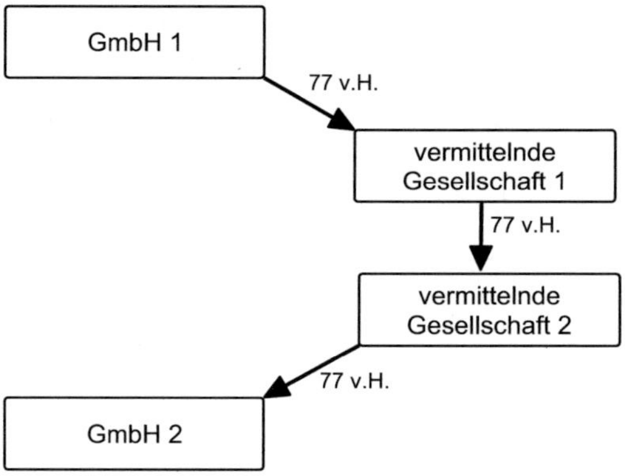

Nach der Durchrechnungsmethode wäre GmbH 2 nicht in GmbH 1 finanziell eingegliedert bzw. mit dieser verbunden, obwohl GmbH 1 in jeder vermittelnden Gesellschaft und bei der GmbH 2 sogar eine qualifizierte Mehrheit hat. Nach der Durchrechnungsmethode ergibt sich nur eine Beteiligung von 45,65 v.H. (= 77 v.H. x 77 v.H. x 77 v.H.).

4.1.2.4 Gewinnabführungsvertrag und Gruppenantrag

In Bezug auf die zweite sachliche Voraussetzung der Bildung einer Organschaft bzw. Gruppe unterscheiden sich das deutsche und das österreichische Steuerrecht deutlich. Hierbei erfordert das deutsche Steuerrecht einen gesellschaftsrechtlichen Vertrag mit strengen Formvorschriften. Nach österreichischem Steuerrecht muss lediglich ein, rein steuerlicher, Antrag gestellt werden. Insoweit knüpft das Steuerrecht also nicht an das Zivilrecht an. Dies dürfte dazu führen, dass Gewinnabführungsverträge nur abgeschlossen werden, wenn sie von einer Gesellschaft tatsächlich gewünscht werden. Sind sie hingegen Voraussetzung der Bildung einer Organschaft, liegt hierin oftmals der Grund des

Abschlusses.[96] Grundsätzlich knüpft das Steuerrecht an die zivilrechtlichen Gegebenheiten an. Bei der Organschaft hingegen müssen die zivilrechtlichen Gegebenheiten durch den Abschluss eines Gewinnabführungsvertrages so gestaltet werden, dass die gewünschte steuerliche Folge, nämlich die Ergebniszurechnung, möglich ist. Soll also insbesondere die Möglichkeit für eine sofortige Verlustverrechnung durch die Bildung einer Organschaft geschaffen werden, ist der Abschluss eines Gewinnabführungsvertrages unverzichtbar. Der Steuerpflichtige „bezahlt" die möglichen steuerlichen Vorteile einer Organschaft im Ergebnis mit der Erfüllung von strengen Formvorschriften und der Bindung an den Gewinnabführungsvertrag.

Durch den Antrag kann in Österreich, auch bei Erfüllung aller Voraussetzungen, frei gewählt werden, ob eine Unternehmensgruppe gebildet werden soll. Die deutsche Organschaft entsteht hingegen von Gesetzes wegen. Allerdings muss an dieser Stelle angemerkt werden, dass Gewinnabführungsverträge, wie erwähnt, meist aus steuerlichen Gründen, also für die Erfüllung der Organschaftsvoraussetzungen, abgeschlossen und durchgeführt werden. Insoweit ist auch in Deutschland ein gewisses Wahlrecht zu der Bildung einer Organschaft möglich. Die weite Auslegung der Möglichkeiten zu der Entstehung einer finanziellen Verbindung durch die österreichische Finanzverwaltung ist kein Nachteil für den Steuerpflichtigen. Denn ihm entstehen hierdurch nur erweiterte Möglichkeiten zu der Bildung einer Unternehmensgruppe. Wünscht er keine steuerliche Gruppe, kann er diese Rechtsfolge schlicht durch den Verzicht auf den Gruppenantrag herbeiführen.

Ein weiterer Unterschied besteht in der Anzahl der einzelnen Rechtsträger, die sich zu einem Organkreis bzw. einer Unternehmensgruppe zusammenschließen können. Die Organschaft besteht zwingend aus zwei Unternehmen, dem Organträger und der Organgesellschaft. Eine Unternehmensgruppe hingegen besteht aus einem Organträger und einem oder mehreren Gruppenmitglied(ern). Zwar kann durch eine Organschaftskette ein ähnliches Ergebnis erzielt werden. Der Arbeits-

[96] Prinz, GmbHR 2005, 917 (917), Krebühl, DStR 2001, 1730 (1735) und Mühl / Wagenseil, NZG 2009, 1253 (1253).

aufwand, der den beteiligten Gesellschaften durch den Abschluss mehrerer Gewinnabführungsverträge entsteht, ist hingegen viel höher als die bloße Antragstellung bei der Gruppenbesteuerung.

4.2 Rechtsfolgen und Durchführung der Gruppenbesteuerung

4.2.1 Grundlagen der Einkommensermittlung und Einkommenszurechnung

Sind die Voraussetzungen einer Unternehmensgruppe erfüllt, wird das steuerliche Ergebnis aller Mitglieder bei dem Gruppenträger zusammengefasst. Hierzu wird das Ergebnis jedes Gruppenmitgliedes zunächst unabhängig von anderen Gruppenmitgliedern ermittelt, § 9 Abs. 6 Nr. 1 öKStG. Dieses wird daraufhin dem jeweils nächsthöheren, finanziell verbundenen Gruppenmitglied bzw. dem Gruppenträger zugerechnet und mit dessen eigenem Ergebnis saldiert. Es erfolgt keine Zwischenergebniseliminierung, sodass Gewinne aus gruppeninternen Transaktionen sofort besteuert werden.[97]

Die Gruppenbesteuerung bewirkt lediglich eine rein steuerliche Ergebniszurechnung. Das handelsrechtliche Ergebnis des jeweiligen Gruppenmitgliedes wird durch die Gruppenbesteuerung nicht berührt. Dieses kann nur über eine Ausschüttung an den jeweiligen Gesellschafter transferiert werden. Eine wirtschaftliche Doppelbesteuerung durch die steuerliche Ergebniszurechnung und eine eventuelle Gewinnausschüttung wird durch die Beteiligungsertragsbefreiung des § 10 öKStG verhindert. Allein der Steuerausgleich wirkt sich auf die Handelsbilanzen von Gruppenträger und Gruppenmitgliedern aus.[98]

§ 9 öKStG ist eine Einkommenszurechnungsvorschrift. Für ihre Anwendung ist erforderlich, dass eine Einkunftsquelle vorliegt. Liebhaberei, welche auch bei Kapitalgesellschaften möglich ist,[99] sowie hoheitli-

---

97 ÖKStR 2001, Rz. 405, Stefaner / Weninger, ecolex 2004, 508 (516) und Althuber / Mang, IWB 2004, 607 (613).

98 Reinweber / Seiser, Die Gruppenbesteuerung, S. 35 und Wiesner / Kirchmayr / Mayr, Gruppenbesteuerung, S. 27f.; Zu dem Steuerausgleich siehe 4.2.2.2.

99 VwGH-Urteile vom 22.9.1987, 86/14/0196, ÖStZB 1988, 152 und vom 28.4.2009, 2006/13/0140, ecolex 2009, 628.

che Betätigungen sind keine Einkunftsquellen in diesem Sinne. Verfolgt das Gruppenmitglied also derartige Tätigkeiten, können die Einkünfte hieraus nicht weitergeleitet werden.[100]

Die einzelnen Gruppenmitglieder verlieren durch die Gruppenbesteuerung ihre Eigenschaft als Steuersubjekt nicht. Objektiv sind die Gruppenmitglieder allerdings nicht mehr steuerpflichtig, da allein der Gruppenträger das steuerliche Ergebnis der Gruppe der Besteuerung unterwirft. Eine Ausnahme hiervon kann sich nur aus der Mindestkörperschaftsteuer ergeben.[101]

Die österreichische Gruppenbesteuerung folgt im Ergebnis primär dem Zurechnungskonzept. Hierauf deuten vor allem die fortbestehende Steuerrechtssubjektivität der Gruppenmitglieder und der Verzicht auf die Konsolidierung von Zwischenergebnissen hin.[102]

4.2.1.1 Inländische Gruppenmitglieder

Das Einkommen von inländischen Gruppenmitgliedern ist individuell und unabhängig von der Unternehmensgruppe zu ermitteln. Bestimmte Steuerbegünstigungen, zum Beispiel der Forschungs- und der Lehrlingsfreibetrag, sind schon auf Ebene des Gruppenmitgliedes anzuwenden. Auch abkommensrechtliche Befreiungen wirken sich bereits bei dem Gruppenmitglied aus. Ausländische Quellensteuern können bei dem Gruppenmitglied nicht angerechnet werden, da es objektiv nicht mehr steuerpflichtig ist. Deshalb wird der Anspruch auf die Anrechnung an die Körperschaft weitergeleitet, der auch das Einkommen zugerechnet wird. Im Ergebnis kann also der Gruppenträger die ausländische Quellensteuer auf die österreichische Steuer, die auf die Gruppe entfällt, anrechnen.[103]

Die Zurechnung des steuerlichen Ergebnisses des Gruppenmitgliedes erfolgt ausschließlich an die beteiligte Körperschaft bzw. an den Grup-

---

[100] ÖKStR 2001, Rz. 407 und Reinweber / Seiser, Die Gruppenbesteuerung, S. 34f.

[101] ÖKStR 2001, Rz. 362, 1575f. Die Mindestkörperschaftsteuer beträgt beispielsweise 1.750€ für die Gesellschaft mit beschränkter Haftung und 3.500€ für die Aktiengesellschaft, § 24 Abs. 4 Nr. 1 öKStG i.V.m. § 24a Abs. 4 Nr. 1 öKStG.

[102] Jettmar / Stieglitz, Die Rechtsfolgen der Gruppenbesteuerung, S. 130, 139 und Gassner, SWK 2004, 473 (476).

[103] ÖKStR 2001, Rz. 406, 418, Wiesner / Kirchmayr / Mayr, Gruppenbesteuerung, S. 123f und Wolf, UFS aktuell 2005, 252 (256).

penträger, mit der bzw. mit dem eine finanzielle Verbindung besteht. Diesem ist das volle Einkommen des Gruppenmitgliedes zuzurechnen (§ 9 Abs. 6 Nr. 2 öKStG). Folglich werden sowohl Gewinne als auch Verluste weitergeleitet.

Beispiel 7: Einkommenszurechnung bei unmittelbarer finanzieller Verbindung

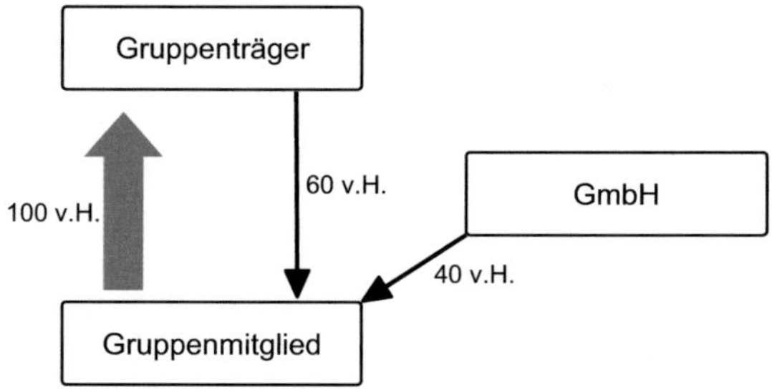

Dem Gruppenträger wird das gesamte steuerliche Ergebnis des Gruppenmitgliedes zugerechnet, obwohl er nur zu 60 v.H. an diesem beteiligt ist. Zu der außenstehenden GmbH besteht keine finanzielle Verbindung.

Die Zurechnung des gesamten steuerlichen Ergebnisses auch bei einer Beteiligung von weniger als 100 v.H. dürfte auf den ersten Blick etwas überraschen. Die Begründung hierfür ist das Trennungsprinzip. Denn dieses wird nur für Zwecke der Gruppenbesteuerung durchbrochen. Da außenstehende Gesellschafter des Gruppenmitgliedes nicht an der Unternehmensgruppe teilnehmen, erfolgt insoweit keine Durchbrechung. Folglich ist ihnen auch kein Anteil an dem steuerlichen Ergebnis zuzurechnen.[104]

Die Einkommenszurechnung erfolgt in gleicher Weise, wenn der Gruppenträger nicht unmittelbar, sondern über eine Personengesellschaft oder über ein weiteres Gruppenmitglied mit dem entsprechenden Gruppenmitglied finanziell verbunden ist. Die vermittelnde Gesellschaft partizipiert nicht an dem steuerlichen Ergebnis des Gruppenmitgliedes.[105]

[104] Stefaner / Weninger, ecolex 2004, 508 (516).
[105] ÖKStR 2001, Rz. 411ff.

<u>Beispiel 8: Einkommenszurechnung bei mittelbarer finanzieller Verbindung</u>

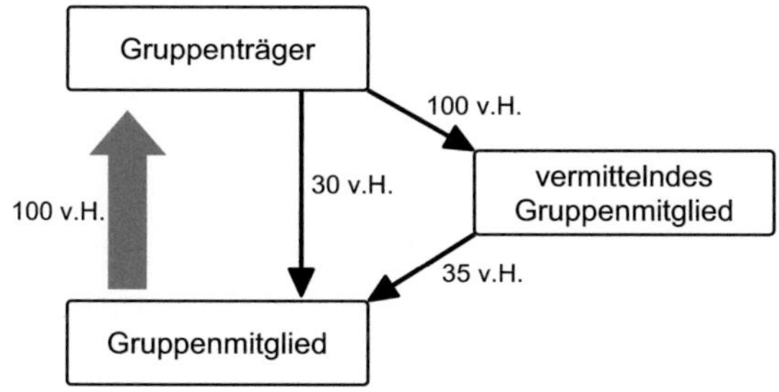

Dem Gruppenträger wird das gesamte steuerliche Ergebnis des Gruppenmitgliedes zugerechnet. An das vermittelnde Gruppenmitglied erfolgt keine Ergebniszurechnung.

Wird die finanzielle Verbindung über eine Beteiligungsgemeinschaft hergestellt, wird dieser zunächst das gesamte Einkommen des Gruppenmitgliedes zugerechnet. Denn nur die Beteiligungsgemeinschaft ist ausreichend finanziell mit dem Gruppenmitglied verbunden. Zwischen den Mitbeteiligten ist das Einkommen gemäß § 9 Abs. 6 Nr. 3 öKStG nach deren Anteilsquote an der Beteiligungsgemeinschaft aufzuteilen.

<u>Beispiel 9: Einkommenszurechnung bei einer Beteiligungsgemeinschaft</u>

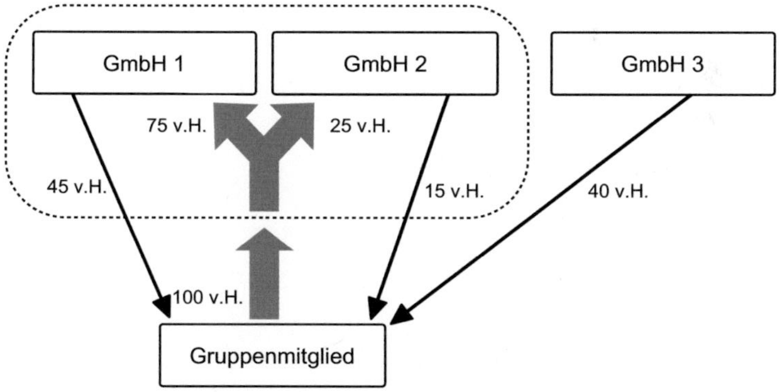

Der Beteiligungsgemeinschaft aus GmbH 1 und GmbH 2 wird das gesamte Ergebnis des Gruppenmitgliedes zugerechnet. Von diesem erhält GmbH 1 einen Anteil von 75 v.H. (= 45 v.H. x (100 v.H. / (45 v.H. + 15 v.H.))). Der Anteil der GmbH 2 beträgt 25 v.H. (= 15 v.H. x (100 v.H. / (45 v.H. + 15 v.H.))).

4.2.1.2 Ausländische Gruppenmitglieder

In dem Rahmen der Gruppenbesteuerung wird auch ein negatives Einkommen eines ausländischen Gruppenmitgliedes berücksichtigt. An den Gewinnen hingegen hat die Republik Österreich kein Besteuerungsrecht.[106] Die Verlustzurechnung erfolgt, abweichend von jener inländischer Gruppenmitglieder, aber nicht in voller Höhe, sondern nur quotal. Kann der ausländische Verlust in dem ausländischen Staat zurückgetragen werden, unterbleibt insoweit eine Verlustzurechnung. Falls in späteren Jahren zugerechnete Verluste in dem ausländischen Staat genutzt werden können, erfolgt in der Republik Österreich eine Nachversteuerung.[107]

Das Einkommen des ausländischen Gruppenmitgliedes ist nach österreichischem Steuerrecht zu ermitteln. Deshalb ist es auch denkbar, dass sich nach ausländischen Gewinnermittlungsmethoden ein Gewinn, nach österreichischem Steuerrecht aber ein Verlust ergibt, und umgekehrt.[108]

4.2.1.2.1 Quote und Empfänger der Verlustzurechnung

Der Anteil des zuzurechnenden Verlustes bestimmt sich nach dem Ausmaß aller unmittelbaren Beteiligungen von beteiligten Körperschaften oder dem Gruppenträger an dem ausländischen Gruppenmitglied, § 9 Abs. 6 Nr. 6 Satz 1 öKStG. Diese Beteiligungen sind in voller Höhe zu berücksichtigen. Wird die Beteiligung an dem ausländischen Gruppenmitglied über eine Personengesellschaft vermittelt, ist diese Beteiligung hingegen durchzurechnen.[109]

Das negative steuerliche Ergebnis ist primär dem inländischen Gruppenmitglied oder dem Gruppenträger zuzurechnen, mit dem die ausländische Gesellschaft ausreichend finanziell verbunden ist. Besteht zu keiner einzelnen Gesellschaft eine ausreichende finanzielle Verbindung, erfolgt die Zurechnung direkt an den Gruppenträger.[110]

---

[106] Erl. zur RV, 451 dB XXII. GP, 24 und öKStR 2001, Rz. 420, 431.

[107] Siehe hierzu 4.2.2.5.

[108] Mamut / Schilcher, Die Berücksichtigung von Auslandsverlusten, S. 187.

[109] ÖKStR 2001, Rz. 421, Wiesner / Kirchmayr / Mayr, Gruppenbesteuerung, S. 152 und Mamut / Schilcher, Die Berücksichtigung von Auslandsverlusten, S. 185.

[110] ÖKStR 2001, Rz. 422.

Beispiel 10: Verlustzurechnung ausländischer Gruppenmitglieder

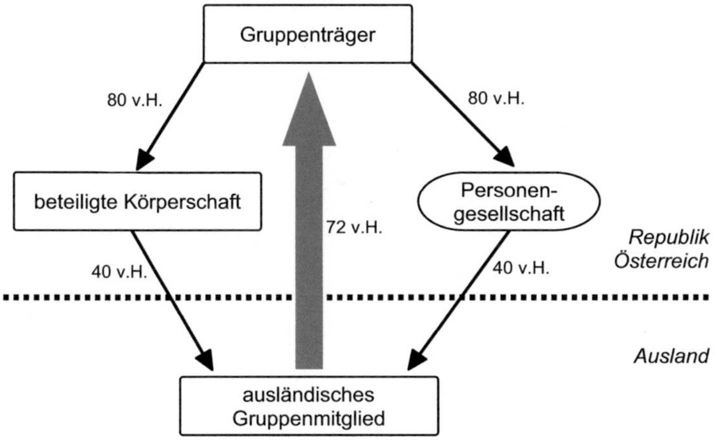

Von den steuerlichen Verlusten des ausländischen Gruppenmitgliedes ist nur ein Anteil von 72 v.H. zuzurechnen. Dieser ergibt sich aus der unmittelbaren Beteiligung der beteiligten Körperschaft (40 v.H.) und aus der nur durchgerechnet zu berücksichtigenden Beteiligung der Personengesellschaft in Höhe von 32 v.H. (= 80 v.H. x 40 v.H.).

Die Zurechnung erfolgt direkt an den Gruppenträger, da die beteiligte Körperschaft nicht ausreichend finanziell verbunden ist.

4.2.1.2.2 Verhältnis zu Doppelbesteuerungsabkommen

Das ausländische Gruppenmitglied ist ansässige Person in dem Sinne des Art. 4 Abs. 1 Satz 1 OECD-MA, da es trotz Zugehörigkeit zu der Unternehmensgruppe Steuersubjekt bleibt.[111] Das Besteuerungsrecht an den von dem Gruppenmitglied erzielten Gewinnen liegt gemäß Art. 7 Abs. 1 Satz 1, 1.Hs OECD-MA bei dem Vertragsstaat, in dem es ansässig ist.[112] Somit hat die Republik Österreich kein Besteuerungsrecht an diesen Gewinnen.

Die dem Gruppenträger zuzurechnenden Verluste des Gruppenmitgliedes stellen Einkünfte in dem Sinne des OECD-MA dar. Denn ein

---

[111] Wiesner / Kirchmayr / Mayr, Gruppenbesteuerung, S. 135.

[112] Kellersmann in Kellersmann / Treisch, Europäische Unternehmensbesteuerung, S. 183f.

Besteuerungsrecht wird durch die Vertragsstaaten, nicht etwa durch das Abkommen selbst, begründet. Die Vertragsstaaten bestimmen, aus welchen Einkünften die Bemessungsgrundlage gebildet werden soll. Hierzu gehören in dem österreichischen Steuerrecht auch die Verluste eines ausländischen Gruppenmitgliedes. Der von dem ausländischen Gruppenmitglied erwirtschaftete Verlust unterliegt abkommensrechtlich dem Art. 7 Abs. 1 OECD-MA. Die Verlustzurechnung ist nicht etwa eine Dividende nach Art. 10 Abs. 3 OECD-MA. Denn die Zurechnung des steuerlichen Ergebnisses stellt keine Einkünfte *aus* Aktien und vergleichbaren Kapitalinstrumenten dar. Zudem werden von diesem Begriff vordergründig Gewinnausschüttungen, also nur positive Dividenden, erfasst.[113]

4.2.2 Einzelaspekte der Einkommensermittlung

4.2.2.1 Vorgruppenverluste und Verlustvortrag

Vorgruppenverluste sind vorgetragene Verluste, die in der Zeit vor der Bildung der Unternehmensgruppe entstanden sind. Auf Ebene der unbeschränkt steuerpflichtigen Gruppenmitglieder dürfen diese gemäß § 9 Abs. 6 Nr. 4 öKStG nur mit eigenen Gewinnen verrechnet werden. Erst danach ist das Ergebnis einer untergeordneten Körperschaft zuzurechnen.[114] Ist der Vorgruppenverlust also höher als der laufende, eigene Gewinn des Gruppenmitgliedes, kann die Differenz hieraus nur vorgetragen und mit künftigen, eigenen Gewinnen saldiert werden. Ein Ausgleich der Vorgruppenverluste durch ein positives Ergebnis einer Beteiligungskörperschaft ist folglich nicht möglich.

Die Regelung des § 9 Abs. 6 Nr. 4 öKStG soll verhindern, dass Körperschaften mit hohen Verlustvorträgen nur aus Gründen der Verlustnutzung in die Gruppe aufgenommen werden. Durch den relativ breiten Zugang zu einer Unternehmensgruppe und die kurze Mindestdauer wäre dies relativ einfach möglich.[115]

---

[113] Dommes / Schuch, Gruppenbesteuerung und Doppelbesteuerungsabkommen, S. 368 und Lang, SWI 2003, 215 (218f.) für das ehemalige Organschaftssystem.

[114] ÖKStR 2001, Rz. 416 und Plansky / Ressler, Die Verlustverwertung in der Unternehmensgruppe, S. 155f.

[115] Stefaner / Weninger, RdW 2004, 564 (564) und Plansky / Ressler, Die Verlustverwertung in der Unternehmensgruppe, S. 156.

Für den Gruppenträger besteht keine spezielle Beschränkung bezüglich der Nutzung von Vorgruppenverlusten. Im Gegensatz zu den Gruppenmitgliedern ist bei ihm aber die Regelung des § 2 Abs. 2b öEStG anzuwenden. Demnach kann ein Verlustvortrag, in dem auch Vorgruppenverluste enthalten sein können, nur in Höhe der Verrechnungsgrenze genutzt werden. Die Verrechnungsgrenze beträgt 75 v.H. der positiven Einkünfte. Die positiven Einkünfte des Gruppenträgers entsprechen hierbei dem gesamten Gruppenergebnis. Folglich unterliegen stets mindestens 25 v.H. der Summe des Einkommens der Besteuerung.[116] Ergibt sich nach der Zurechnung der Ergebnisse der Gruppenmitglieder an den Gruppenträger ein negatives Ergebnis, ist dieses vorzutragen.[117]

Beispiel 11: Beschränkung der Verlustnutzung

Der Verlustvortrag des Gruppenträgers (zugleich der Verlustvortrag der gesamten Gruppe) beträgt 500.000€. Das auf Ebene des Gruppenträgers saldierte steuerliche Gesamtergebnis der Gruppe beträgt 600.000€ (Alternative (a)) bzw. 900.000€ (Alternative (b)).

Alternative (a)

Die Verrechnungsgrenze beträgt 450.000€ (= 75 v.H. x 600.000€). Folglich kann nur dieser Betrag mit dem steuerlichen Gesamtergebnis verrechnet werden. Die verbleibenden 150.000€ sind zu versteuern. Der verbleibende Verlustvortrag i.H.v. 50.000€ kann in den Folgejahren genutzt werden.

Alternative (b)

Die Verrechnungsgrenze beträgt 675.000€ (= 75 v.H. x 900.000€). Somit kann der gesamte Verlustvortrag i.H.v. 500.000€ genutzt werden. Das zu versteuernde Einkommen der Gruppe beträgt 400.000€.

4.2.2.2 Steuerausgleich

Gemäß § 9 Abs. 6 Nr. 5 öKStG ist die Steuerumlage steuerneutral. Sie wird bei der leistenden Gesellschaft als nichtabzugsfähige Betriebsausgabe behandelt. Bei der empfangenden Gesellschaft ist sie eine steuerfreie Betriebseinnahme.[118]

---

[116] Plansky / Ressler, Die Verlustverwertung in der Unternehmensgruppe, S. 158.
[117] ÖKStR 2001, Rz. 443 und Althuber / Mang, IWB 2004, 607 (613).
[118] Althuber / Mang, IWB 2004, 607 (617).

4.2.2.3 Teilwertabschreibung

Beteiligungen an Kapitalgesellschaften sind in dem österreichischen Steuerrecht mit dem Teilwert, höchstens aber mit den Anschaffungskosten zu bilanzieren. Ist der Teilwert niedriger als der Buchwert, ist grundsätzlich eine steuerlich wirksame Teilwertabschreibung vorzunehmen. Diese ist nur in einigen Fällen, unter anderen bei einer ausschüttungsbedingten Teilwertminderung (§ 12 Abs. 3 Nr. 1 öKStG), ausgeschlossen. Die Teilwertabschreibung muss laut § 12 Abs. 3 Nr. 2 öKStG linear auf sieben Wirtschaftsjahre verteilt werden.[119]

§ 9 Abs. 7 Satz 1 öKStG hingegen versagt die steuerliche Abzugsfähigkeit von Teilwertabschreibungen auf Beteiligungen an in- und ausländischen Gruppenmitgliedern. Hiermit soll eine doppelte Verlustberücksichtigung bei Unternehmensgruppen verhindert werden. Denn durch die Zurechnung eines negativen steuerlichen Ergebnisses hat sich der Verlust des Gruppenmitgliedes bereits steuerlich ausgewirkt. Der Buchwert der Beteiligung wird zwar gemindert. Die Steuerunwirksamkeit wird aber dadurch hergestellt, dass eine Hinzurechnung außerhalb der Bilanz diesen Aufwand wieder neutralisiert.[120]

4.2.2.4 Firmenwertabschreibung

Die österreichische Gruppenbesteuerung sieht in § 9 Abs. 7 Satz 2 öKStG eine zwingende Firmenwertabschreibung der Beteiligungen an Gruppenmitgliedern vor. Hiermit sollen bei dem Bestehen einer Unternehmensgruppe der Share Deal und der Asset Deal gleichgestellt werden. Vor der Einführung dieser Regelung war die Abschreibung des Firmenwertes nämlich nur bei einem Asset Deal möglich. Des Weiteren soll hierdurch die Attraktivität Österreichs als Unternehmensstandort gesteigert werden.[121]

Die Firmenwertabschreibung ist auf der Ebene des unmittelbar beteiligten Gruppenmitgliedes bzw. des Gruppenträgers anzusetzen. Eine Firmenwertabschreibung ist immer nur in der Höhe vorzunehmen, in

---

[119] Reinweber / Seiser, Die Gruppenbesteuerung, S. 67.

[120] ÖKStR 2001, Rz. 444f., Reinweber / Seiser, Die Gruppenbesteuerung, S. 67f. und Hirschler / Schindler, IStR 2004, 505 (511).

[121] Erl. zur RV, 451 dB XXII. GP, 6f, 26 und Bruckner, ÖStZ 2005, 257 (257f.).

der eine unmittelbare Beteiligung vorliegt.[122] Des Weiteren muss die Beteiligung fremdbezogen sein. Das heißt, sie darf nicht von einem ebenfalls zu dem Konzern gehörenden Unternehmen erworben worden sein, § 9 Abs. 7 Satz 2 öKStG. Eine Firmenwertabschreibung wird nur auf Beteiligungen an unbeschränkt steuerpflichtigen Gruppenmitgliedern gewährt. Der Firmenwert einer Beteiligung an einem beschränkt steuerpflichtigen Gruppenmitglied darf hingegen nicht abgeschrieben werden. Dies wirft europarechtliche Bedenken auf.[123] Der abschreibbare Firmenwert errechnet sich folgendermaßen:

Grafische Darstellung 2: Ermittlung des Firmenwertes[124]

Anschaffungskosten	
- anteiliges handelsrechliches Eigenkapital	
- anteilige stille Reserven im nicht abnutzbaren Anlagevermögen	
abschreibbarer Firmenwert	(höchstens 50 v.H. der Anschaffungskosten)

Es kann sich auch ein negativer Firmenwert ergeben. In diesem Fall ist gemäß § 9 Abs. 7 Satz 2 Ts. 4 öKStG eine Zuschreibung auf diesen vorzunehmen.

Der Firmenwert ist über 15 Jahre linear ab- bzw. zuzuschreiben, § 9 Abs. 7 Satz 2 Ts. 1 Satz 2 öKStG. Scheidet das Gruppenmitglied vor dem Ablauf dieses Zeitraumes aus der Gruppe aus, gehen die verbleibenden Ab- bzw. Zuschreibungsbeträge unter. Die Firmenwertabschreibung vermindert den Buchwert der Beteiligung an der jeweiligen Beteiligungskörperschaft (§ 9 Abs. 7 Satz 2 Ts. 5 öKStG). Im Gegensatz zu der Teilwertabschreibung ist die Firmenwertabschreibung steuerwirksam.

Wird die Beteiligung wieder veräußert, bewirkt der um die Firmenwertabschreibung geminderte Buchwert allerdings einen entsprechend höheren steuerpflichtigen Veräußerungsgewinn. In einer Gesamtbetrach-

---

[122] Bruckner, ÖStZ 2005, 257 (258) und Hofstätter, Die Firmenwertabschreibung, S. 258. In dem Beispiel 2, Alternative (a) (unter 4.1.1.3.2) müsste der Gruppenträger die Firmenwertabschreibung anteilig in Höhe von 40 v.H. vornehmen.

[123] Hirschler / Schindler, IStR 2004, 505 (511).

[124] Aus öKStR 2001, Rz. 449f.

tung bewirkt die Firmenwertabschreibung somit nur eine temporäre Steuerentlastung. In dem Falle eines negativen Firmenwertes ist die zwingend vorzunehmende Zuschreibung sogar eine „...Steuerfalle.“[125]. Denn die zuzuschreibenden Fünfzehntelbeträge erhöhen das steuerliche Ergebnis der beteiligten Körperschaft bzw. des Gruppenträgers.[126]

4.2.2.5 Nachversteuerung

Die Nachversteuerung soll bei ausländischen Gruppenmitgliedern eine doppelte Berücksichtigung eines steuerlichen Verlustes in Österreich und in dem Ausland verhindern. Sie erfolgt in der Weise, dass dem steuerlichen Ergebnis des Gruppenträgers der Nachversteuerungsbetrag hinzugerechnet wird. Dieser entspricht dem in früheren Jahren zugerechneten Verlust, ist aber auf die Höhe des in dem Ausland genutzten Verlustbetrages begrenzt.[127] Eine Nachversteuerung bereits zugerechneter Verluste eines ausländischen Gruppenmitgliedes ist immer dann vorzunehmen, wenn die Verluste in dem ausländischen Staat tatsächlich mit Gewinnen verrechnet werden oder die bloße Möglichkeit hierzu besteht, § 9 Abs. 6 Nr. 6 Satz 2 öKStG. Des Weiteren ist ein Verlust laut § 9 Abs. 6 Nr. 6 Satz 3 öKStG nachzuversteuern, wenn das ausländische Gruppenmitglied aus der Gruppe ausscheidet. Ein weiterer Anwendungsfall der Nachversteuerung ist die Liquidation des Gruppenmitgliedes, zum Beispiel infolge einer Insolvenz. In diesem Fall aber ist der Nachversteuerungsbetrag um die während der Gruppenzugehörigkeit nicht steuerwirksamen Teilwertabschreibungen zu reduzieren (§ 9 Abs. 6 Nr. 6 Satz 5 öKStG). Da Teilwertabschreibungen, wie dargestellt, gemäß § 9 Abs. 7 Satz 1 öKStG steuerlich nicht wirksam sind, hätte sich bei voller Nachversteuerung der Verlust aus der ausländischen Beteiligung im Ergebnis steuerlich nicht ausgewirkt. Vorstehende Regelung vermeidet solche Härtefälle.[128]

---

[125] Hofstätter, Die Firmenwertabschreibung, S. 253.

[126] Bruckner, ÖStZ 2005, 257 (262) und Hofstätter, Die Firmenwertabschreibung, S. 253f.

[127] Erl. zur RV, 451 dB XXII. GP, 10.

[128] Wiesner / Kirchmayr / Mayr, Gruppenbesteuerung, S. 161ff. und Metzler, Die Nachversteuerung von Auslandsverlusten, S. 225, 229f., 235.

4.2.3 Rechtsvergleich

4.2.3.1 Einkommenszurechnung

Wie eingangs dargestellt, gibt es unterschiedliche Möglichkeiten ein Konzernbesteuerungssystem auszugestalten. Die deutsche Organschaft und die österreichische Gruppenbesteuerung folgen beide dem Zurechnungskonzept. Bei der Einkommensermittlung wird jeweils, mit einigen Einschränkungen, die Fiktion aufgestellt, dass keine Organschaft bzw. Unternehmensgruppe vorhanden sei. Des Weiteren wird in beiden Systemen auf eine Zwischenergebniseliminierung verzichtet. Organgesellschaft und Gruppenmitglied bleiben in Bezug auf die Einkommenserzielung selbständig. Dies führt dazu, dass die Einkommenszurechnung die wesentliche Rechtsfolge darstellt.

In beiden Systemen ist eine gewisse Ähnlichkeit zu der Besteuerung von Personengesellschaften zu erkennen. Sowohl Organgesellschaften und Gruppenmitglieder als auch Personengesellschaften können selbst Gewinne erwirtschaften. Sie sind des Weiteren selbst Subjekte der Einkommensermittlung. Erst die Einkommenszurechnung vollzieht sich unterschiedlich. Während den Gesellschaftern einer Personengesellschaft der Gewinn anteilig zugerechnet wird, erfolgt die Zurechnung an den Organ- bzw. Gruppenträger in voller Höhe. Eine Ausnahme hiervon besteht bei der Gruppenbesteuerung lediglich für die Verlustzurechnung ausländischer Gruppenmitglieder. Diese Durchbrechung wird mangels zwingenden Grundes hierfür kritisiert.[129]

Der wohl größte Unterschied zwischen der österreichischen Gruppenbesteuerung und dem deutschen Organschaftssystem dürfte darin liegen, dass in Deutschland eine steuerliche Einkommenszurechnung ohne handelsrechtliche Ergebnisabführung nicht möglich ist. Wie dargestellt, werden Gewinnabführungsverträge oftmals nur abgeschlossen, um die Voraussetzungen einer Organschaft zu erfüllen. Dies führt dazu, dass das Steuerrecht die Verteilung von Kapital zwischen Gesellschaft und Gesellschafter beeinflusst. Denn durch die Abführung des gesamten Gewinns wird die Organgesellschaft um diesen entreichert. Folglich

---

[129] Stefaner / Weninger, ecolex 2004, 508 (517) und Kessler / Daller, IStR 2006, 289 (294).

greift das Steuerrecht, wenn auch mittelbar, erheblich in die Vermögensverhältnisse der Organgesellschaft ein. Dieser Eingriff ist nach der hier vertretenen Meinung höchst bedenklich. Denn der Eingriff des Steuerrechts in die Vermögensverhältnisse der Steuerpflichtigen sollte sich auf die Steuererhebung selbst beschränken.

Ein Vorteil der handelsrechtlichen Ergebnisabführung ist, dass diese stets eine Steuerumlage beinhaltet. Denn durch die Abführung eines Gewinnes an den Organträger wird dieser hierdurch auf jeden Fall für die Übernahme der Steuerschuld der Organgesellschaft entschädigt. Kann der Organträger einen steuerlichen Verlust der Organgesellschaft für sich selbst nutzen, wird der Organgesellschaft dieser Vorteil durch die handelsrechtliche Verlustausgleichsverpflichtung „abgekauft". Folglich entfällt das Erfordernis der Vereinbarung einer Steuerumlage.

In dem Rahmen der Gruppenbesteuerung ist es möglich, Verluste ausländischer Gruppenmitglieder in dem Jahr der Verlustentstehung steuermindernd in der Republik Österreich zu nutzen. In der Bundesrepublik Deutschland ist dies mangels ausländischer Organgesellschaften keinesfalls möglich. Durch die Nachversteuerungspflicht hat die Verlustzurechnung in Österreich allerdings nur eine temporäre Wirkung. In dem Zeitpunkt, in dem die ausländische Körperschaft durch die Verlustnutzung in dem Ausland steuerlich entlastet wird, wird die Unternehmensgruppe durch die Nachversteuerung in der Republik Österreich belastet. Der Vorteil dieser Verlustverrechnung besteht somit vordergründig in einer höheren Liquidität durch eine niedrigere Steuerbelastung in dem Jahr der Verlustentstehung. Mit der Möglichkeit der Verrechnung ausländischer Verluste erhoffte sich die Republik Österreich eine gesteigerte Attraktivität als Standort für Konzernzentralen.[130] Diese Regelung ist folglich kein „Steuergeschenk" des österreichischen Fiskus, sondern darf als Ausdruck einer wirtschaftsfreundlichen Politik angesehen werden.

[130] Erl. zur RV, 451 dB XXII. GP, 6.

4.2.3.2 Einkommensermittlung

Ein großer Vorteil von Konzernbesteuerungssystemen ist die zeitnahe Verrechnung von Gewinnen und Verlusten der einzelnen Gesellschaften. Dieser Vorteil ist umso größer, je restriktiver die Verrechnung von vorgetragenen Verlusten mit zukünftigen Gewinnen ohne die Organschaft oder Gruppenbildung wäre. Doch auch bei diesen bestehen Verlustverrechnungsbeschränkungen. Hierbei sind Organgesellschaften in der Nutzung von vororganschaftlichen Verlusten stärker eingeschränkt als Gruppenmitglieder. Denn diese können Vorgruppenverluste immerhin mit eigenen Gewinnen verrechnen. Auf der Ebene des Organ- bzw. Gruppenträgers greifen in beiden Rechtskreisen die allgemeinen Vorschriften über den Verlustabzug.

Eine Teilwertabschreibung auf die Beteiligung an der Organgesellschaft bzw. dem Gruppenmitglied ist sowohl in der Bundesrepublik Deutschland als auch in der Republik Österreich nicht möglich. Dies resultiert daraus, dass durch die in beiden Staaten angewandte Zurechnungstheorie ein Verlust in dem Einkommen des Organ- bzw. Gruppenträgers bereits berücksichtigt wird.

In beiden Rechtskreisen bestehen auf Ebene der Organgesellschaft bzw. des Gruppenmitgliedes nur wenige durch die Organschaft bzw. Gruppenbesteuerung bedingte Sonderregelungen bei der Einkommensermittlung. Die Bruttomethode und die Korrektur um die handelsrechtliche Gewinnabführung sind nur in der Bundesrepublik Deutschland notwendig. Da innerhalb eines Organkreises das Einkommen einer Kapitalgesellschaft auch an eine natürliche Person oder an eine Personengesellschaft weitergeleitet werden kann, ändert sich das auf dieses Einkommen anzuwendende Besteuerungsprinzip. Dies erfordert Regelungen um hierdurch mögliche Steuergestaltungen zu verhindern. Da in Österreich nur Körperschaften eine Unternehmensgruppe bilden können, ist eine derartige Regelung nicht notwendig. Durch den Verzicht auf einen Gewinnabführungsvertrag kann bei der Gruppenbesteuerung eine Doppelbesteuerung gar nicht erst entstehen. Insoweit ist auch eine Korrektur um die handelsrechtliche Gewinnabführung nicht nötig.

5 Gemeinschaftsrechtliche Anforderungen an die Konzernbesteuerung

Eine Neuregelung der deutschen Organschaft müsste nicht nur mit dem deutschen Steuerrecht harmonieren. Darüber hinaus ist auch das Recht der Europäischen Gemeinschaft zu beachten. Zwar haben die Mitgliedstaaten die Steuerhoheit für die direkten Steuern nicht auf die Europäische Gemeinschaft übertragen. Allerdings müssen sie bei der Ausübung ihrer Befugnisse das Gemeinschaftsrecht wahren.[131] Aus diesem Grund sollen nachfolgend die durch die Rechtsprechung des Europäischen Gerichtshofes gebildeten Anforderungen an ein europarechtskonformes Konzernbesteuerungssystem dargestellt werden.

5.1 Die Rechtsprechung des Europäischen Gerichtshofes

Über die grenzüberschreitende Verrechnung von Gewinnen zwischen Mitgliedern einer Unternehmensgruppe musste der Europäische Gerichtshof, soweit ersichtlich, erst einmal entscheiden. Ein kürzlich ergangenes Urteil betraf die Frage, ob eine Unternehmensgruppe überhaupt grenzüberschreitend gebildet werden kann. Die Zurechnung von in dem Ausland erlittenen Verlusten an einen inländischen Rechtsträger war in den letzteren Jahren des Öfteren Gegenstand der Rechtsprechung des Europäischen Gerichtshofes.

5.1.1 Beschränkung der Niederlassungsfreiheit

Eine Beschränkung der Niederlassungsfreiheit in dem Sinne des Art. 43 EGV hat der Europäische Gerichtshof in dem finnischen Konzernbeitragssystem[132] gesehen. In diesem ist die Zahlung eines Konzernbeitrags nur steuerlich wirksam, wenn der Empfänger ebenfalls in der Republik Finnland steuerpflichtig ist. Hiermit soll eine Verlagerung

---

[131] EuGH-Urteile vom 11.8.1995 C-80/94 (Rs. Wielockx), Slg. 1995, I-2493 (unter Tz. 19), vom 13.12.2005 C-446/03 (Rs. Marks & Spencer), Slg. 2005, I-10837 (unter Tz. 29) und vom 25.2.2010 C-337/08 (Rs. X Holding BV), DStR 2010, 427 (unter Tz. 16), m.w.N.

[132] Siehe hierzu 2.2.

unversteuerter Gewinne in das Ausland verhindert werden.[133] Des Weiteren ist es nicht mit der Niederlassungsfreiheit zu vereinbaren, wenn ein Mitgliedstaat eine steuerliche Einheit[134] lediglich zwischen inländischen Unternehmen zulässt.[135] Eine Regelung, die den Ausgleich von ausländischen Verlusten mit inländischen Gewinnen verwehrt, beschränkt ebenfalls die Niederlassungsfreiheit.[136]

5.1.2 Rechtfertigungsgründe

Für diese Verstöße bestehen allerdings mehrere Rechtfertigungsgründe. Alle dargestellten Beschränkungen können aus Gründen der ausgewogenen Aufteilung der Besteuerungsbefugnis zwischen den Mitgliedstaaten gerechtfertigt werden. Denn durch eine Verlagerung von Gewinnen in das Ausland würde der betroffene Mitgliedstaat seine Besteuerungszuständigkeit für diese verlieren. Die Verrechnung von Verlusten würde die Steuerbemessungsgrundlage in dem betroffenen Staat mindern. Beides hätte eine Verschiebung der Besteuerungsbefugnisse unter den Mitgliedstaaten zu Folge.[137]

Weiterhin kann auch die Vermeidung der Steuerumgehung bzw. die Steuerfluchtgefahr als Rechtfertigung für eine Beschränkung der Niederlassungsfreiheit vorgebracht werden. Hierbei besteht die Gefahr, dass Gewinne durch künstliche Gestaltungen in Mitgliedstaaten verlagert werden, die diese entweder gar nicht oder nur zu einem niedrigeren Steuersatz besteuern. Verluste hingegen würden in den Mitglied-

---

[133] EuGH-Urteil vom 18.7.2007 C-231/05 (Rs. Oy AA), Slg. 2007, I-06373 (unter Tz. 32, 43).

[134] Siehe hierzu 2.2.

[135] EuGH-Urteil vom 25.2.2010 C-337/08 (Rs. X Holding BV), DStR 2010, 427 (unter Tz. 19)

[136] EuGH-Urteile vom 13.12.2005 C-446/03 (Rs. Marks & Spencer), Slg. 2005, I-10837 (unter Tz. 34) und vom 15.5.2008 C-414/06 (Rs. Lidl Belgium), Slg. 2008, I-3601 (unter Tz. 26).

[137] EuGH-Urteile vom 13.12.2005 C-446/03 (Rs. Marks & Spencer), Slg. 2005, I-10837 (unter Tz. 46), vom 18.7.2007 C-231/05 (Rs. Oy AA), Slg. 2007, I-06373 (unter Tz. 47, 55), vom 15.5.2008 C-414/06 (Rs. Lidl Belgium), Slg. 2008, I-3601 (unter Tz. 32) und vom 25.2.2010 C-337/08 (Rs. X Holding BV), DStR 2010, 427 (unter Tz. 33); Des Weiteren EuGH-Urteil vom 21.1.2010 C-311/08 (Rs. SGI), IStR 2010, 144 (unter Tz. 62), m.w.N.

staaten mit den höchsten Steuersätzen genutzt werden, da dort der Wert eines Verlustes am höchsten ist.[138]

Der Rechtfertigungsgrund der Gefahr der doppelten Verlustnutzung kommt naturgemäß nur bei Verlustverrechnungsbeschränkungen in Betracht. Die Mitgliedstaaten dürfen verhindern, dass sich der selbe Verlust in zwei Staaten steuermindernd auswirkt.[139]

In der Rechtssache Marks & Spencer haben alle drei genannten Gründe zu einer Rechtfertigung der Beschränkung der Niederlassungsfreiheit geführt. Allerdings kommt es nicht allein auf deren Anzahl, sondern auf deren Gewicht an.[140] In seinen Urteilen in den Rechtssachen Oy AA und Lidl Belgium hat der Europäische Gerichtshof eine Rechtfertigung schon durch zwei der drei dargestellten Gründe angenommen.[141] In dem zuletzt ergangenen Urteil in der Rechtssache X Holding BV reichte schließlich allein der Rechtfertigungsgrund der ausgewogenen Aufteilung der Besteuerungsbefugnis zwischen den Mitgliedstaaten aus, um die Beschränkung der Niederlassungsfreiheit zu rechtfertigen.[142]

5.1.3 Erforderlichkeit

Vorliegend wurde die Niederlassungsfreiheit durch den Ausschluss ausländischer Gesellschaften von einer steuerlichen Einheit und eine Verwehrung der grenzüberschreitenden Gewinn- und Verlustverrechnung beschränkt. Eine derartige Beschränkung ist allerdings, trotz eines Rechtfertigungsgrundes, nicht in jedem Fall erforderlich. An der Erforderlichkeit mangelt es, wenn die Ziele der ausgewogenen Aufteilung der Besteuerungsbefugnis zwischen den Mitgliedstaaten und der Ver-

---

[138] EuGH-Urteile vom 13.12.2005 C-446/03 (Rs. Marks & Spencer), Slg. 2005, I-10837 (unter Tz. 49) und vom 18.7.2007 C-231/05 (Rs. Oy AA), Slg. 2007, I-06373 (unter Tz. 58).

[139] EuGH-Urteile vom 13.12.2005 C-446/03 (Rs. Marks & Spencer), Slg. 2005, I-10837 (unter Tz. 47) und vom 15.5.2008 C-414/06 (Rs. Lidl Belgium), Slg. 2008, I-3601 (unter Tz. 35); Des Weiteren EuGH-Urteil vom 29.3.2007 C-347/04 (Rs. Rewe Zentralfinanz), Slg. 2007, I-2647 (unter Tz. 47).

[140] Weber-Grellet, DStR 2009, 1229 (1230).

[141] EuGH-Urteile vom 18.7.2007 C-231/05 (Rs. Oy AA), Slg. 2007, I-06373 (unter Tz. 60) und vom 15.5.2008 C-414/06 (Rs. Lidl Belgium), Slg. 2008, I-3601 (unter Tz. 41f.).

[142] EuGH-Urteil vom 25.2.2010 C-337/08 (Rs. X Holding BV), DStR 2010, 427 (unter Tz. 33).

hinderung der Steuerumgehung sowie der doppelten Verlustnutzung auch durch weniger belastende Maßnahmen erreicht werden können.

Die Verweigerung der steuerlichen Abzugsfähigkeit eines Konzernbeitrags an ein ausländisches Unternehmen stellt eine erforderliche Maßnahme dar. Denn hiermit kann verhindert werden, dass die Unternehmensgruppe beliebig wählen kann, in welchem Mitgliedstaat sie ihre Gewinne versteuern möchte. Im Ergebnis ist die Beschränkung der finnischen Gruppenbesteuerung auf inländische Konzernbeiträge also mit dem Recht der Europäischen Gemeinschaft vereinbar.[143]

Eine Verlustverrechnungsbeschränkung erfüllt das Kriterium der Erforderlichkeit nicht, soweit die Verluste in dem Staat, in dem sie angefallen sind, aktuell und zukünftig nicht mehr genutzt werden können. Dies ist insbesondere dann der Fall, wenn eine Verlustnutzung durch Rücktrag, Vortrag oder die Übertragung auf einen Dritten nicht möglich ist.[144] Eine Verrechnung dieser sogenannten definitiven Verluste muss dem Steuerpflichtigen also gewährt werden. Hiermit wird sichergestellt, dass ein Verlust zumindest einmal berücksichtigt wird.[145] Ein definitiver Verlust liegt vor, wenn er rechtlich und tatsächlich nicht mehr genutzt werden kann. Ein rechtlicher Grund kann beispielsweise eine Regelung sein, die den Verlustvortrag in zukünftige Veranlagungszeiträume betragsmäßig oder zeitlich begrenzt oder die Übertragung auf einen anderen Rechtsträger verbietet. Die tatsächliche Verlustnutzung kann zum Beispiel daran scheitern, dass kein Dritter vorhanden ist, auf den ein Verlust übertragen werden könnte.[146]

Den Ausschluss ausländischer Gesellschaften von dem niederländischen Einheitskonzept sieht der Europäische Gerichtshof als erforderlich an, um die ausgewogene Aufteilung der Besteuerungsbefugnisse sicherzustellen. Eine Gleichstellung ausländischer Tochtergesellschaften und ausländischer Betriebsstätten lehnt der Europäische Gerichts-

[143] EuGH-Urteil vom 18.7.2007 C-231/05 (Rs. Oy AA), Slg. 2007, I-06373 (unter Tz. 63f., 67).

[144] EuGH-Urteile vom 13.12.2005 C-446/03 (Rs. Marks & Spencer), Slg. 2005, I-10837 (unter Tz. 55, 59) und vom 15.5.2008 C-414/06 (Rs. Lidl Belgium), Slg. 2008, I-3601 (unter Tz. 47, 54).

[145] Dürrschmidt / Schiller, EuR 2006, 266 (280) und Mayr, BB 2008, 1312 (1312).

[146] Rehm / Nagler, GmbHR 2008, 1174 (1175f.) und Knipping, IStR 2009, 275 (276).

hof ab. Bei letzteren ist in dem niederländischen Steuerrecht eine vorläufige Berücksichtigung von Verlusten mit Nachversteuerung möglich. Das Gericht sieht dies nicht als ein milderes Mittel als einen generellen Ausschluss ausländischer Tochterunternehmen von der niederländischen Einheitsbesteuerung an, um das Ziel der ausgewogenen Aufteilung der Besteuerungsbefugnis unter den Mitgliedstaaten zu erreichen. Dies wird damit begründet, dass die Situation von Betriebsstätten und Tochtergesellschaften im Hinblick auf die Aufteilung der Besteuerungsbefugnis nicht vergleichbar sei. Denn eine Tochtergesellschaft ist in ihrem Sitzstaat eine unbeschränkt steuerpflichtige juristische Person. Eine Betriebsstätte hingegen unterliegt „...prinzipiell und in beschränktem Umfang weiterhin der Steuerhoheit des Herkunftsstaates..“.[147] Im Ergebnis darf ausländischen Tochtergesellschaften also weiterhin der Zugang zu der niederländischen Einheitsbesteuerung verweigert werden.

Die Ansicht des Europäischen Gerichtshofes in der oben dargestellten Erforderlichkeitsprüfung vermag meiner Meinung nach nicht zu überzeugen. Die unterschiedliche Situation einer Betriebsstätte und einer Tochtergesellschaft im Hinblick auf die Aufteilung der Besteuerungsgrundlage begründet er konkret mit Art. 7 Abs. 1 des Doppelbesteuerungsabkommens zwischen dem Königreich Belgien und dem Königreich der Niederlande, welcher dem des OECD-MA entspricht.[148] Die Aufteilung der Besteuerungsbefugnis zwischen den beiden Vertragsstaaten wird durch die Einkünftezurechnung zu der Betriebsstätte ausgestaltet. Diese Zurechnung vollzieht sich gemäß Art. 7 Abs. 2 OECD-MA nach der Selbständigkeitsfiktion der Betriebsstätte. Demnach wird sie für Zwecke der Gewinnabgrenzung so behandelt als sei sie ein selbständiges Unternehmen.[149] Da eine Tochtergesellschaft abkommensrechtlich zweifellos auch ein selbständiges Unter-

[147] EuGH-Urteil vom 25.2.2010 C-337/08 (Rs. X Holding BV), DStR 2010, 427 (unter Tz. 35ff.).

[148] EuGH-Urteil vom 25.2.2010 C-337/08 (Rs. X Holding BV), DStR 2010, 427 (unter Tz. 38, 3).

[149] Wassermeyer in Debatin / Wassermeyer, Doppelbesteuerung: DBA, Art. 7 MA, Rz. 185, Hemmelrath in Vogel / Lehner, Doppelbesteuerungsabkommen, Art. 7, Rz. 77ff. und Niehaves in Haase, Außensteuergesetz, Doppelbesteuerungsabkommen II Art. 7 MA, Rz. 148.

nehmen ist, bestehen insoweit keine Unterschiede zwischen einer Betriebsstätte und einer Tochtergesellschaft. Diese sind also in Bezug auf die Aufteilung der Besteuerungsgrundlage sehr wohl vergleichbar. Die genaue Reichweite der Selbständigkeitsfiktion und die in der Praxis anzuwendende Methode der Gewinnabgrenzung sind hierbei nicht relevant. Vorstehende Kritik an dem Urteil des Europäischen Gerichtshofes bezieht sich ausdrücklich nur auf seine Argumentation in dem Rahmen der Prüfung der Erforderlichkeit. Das Ergebnis des Urteils, die Aufteilung der Besteuerungsbefugnis nicht dem Steuerpflichtigen selbst zu überlassen, kann selbstverständlich überzeugen.

5.2 Auswirkungen auf die Europarechtskonformität der deutschen Organschaft

Die Rechtsprechung des Europäischen Gerichtshofes zu dem in der Republik Finnland anzuwendenden System des Konzernbeitrags kann auf die deutsche Organschaft übertragen werden. Denn bei beiden Konzepten werden unversteuerte Gewinne durch eine Zahlung übertragen. Ebenso wie in dem finnischen System des Konzernbeitrags ist auch bei der deutschen Organschaft die Zurechnung unversteuerter Gewinne auf das Inland beschränkt. Deshalb kann das deutsche Organschaftssystem in diesem Punkt als gemeinschaftsrechtskonform angesehen werden.[150]

Auch die Rechtsprechung des Europäischen Gerichtshofes zu der Verrechnung von ausländischen Verlusten kann Rückschlüsse auf die Europarechtskonformität der deutschen Organschaft geben. Das in der Rechtssache Marks & Spencer betroffene System des Konzernabzugs unterscheidet sich zwar konzeptionell von der Organschaft. Allerdings ist in beiden Systemen die Übertragung eines Verlustes der Tochtergesellschaft auf die Muttergesellschaft möglich.[151]

Das deutsche Steuerrecht ermöglicht die Saldierung von Gewinnen und Verlusten zwischen zwei Steuersubjekten ausschließlich durch das

[150] Wagner, IStR 2007, 650 (653) und Kußmaul / Niehren, IStR 2008, 81 (86) sowie bereits vor dem Urteil Herzig / Wagner, DB 2005, 2374 (2380).

[151] Hey, GmbHR 2006, 113 (118), Herzig / Wagner, DB 2005, 2374 (2379) und Klarmann, Körperschaftsteuerliche Organschaft, S. 79f., m.w.N.

Instrument der Organschaft. Soll also der Verlust einer ausländischen Gesellschaft mit den Gewinnen eines inländischen Rechtsträgers verrechnet werden, ist dies nur durch ein Organschaftsverhältnis möglich.[152] Allerdings können ausländische Tochtergesellschaften einen hierfür erforderlichen Gewinnabführungsvertrag nicht abschließen. Dieser steht nur der Aktiengesellschaft, der Kommanditgesellschaft auf Aktien und der Gesellschaft mit beschränkter Haftung offen.[153] Ausländische Gesellschaften hingegen können nach deutschem Recht keinen Gewinnabführungsvertrag abschließen.[154] Zudem ist dieser den meisten ausländischen Rechtsordnungen gar nicht bekannt.[155] Die Voraussetzung des Abschlusses eines Gewinnabführungsvertrages ist folglich eine mittelbare Diskriminierung von in der Europäischen Gemeinschaft ansässigen Personen. Durch das zivilrechtliche Erfordernis des Gewinnabführungsvertrages wird die Europarechtswidrigkeit der deutschen Organschaft nur in das Gesellschaftsrecht verlagert.[156] Darüber hinaus verhindert auch eine der persönlichen Voraussetzungen an die Organgesellschaft, namentlich der doppelte Inlandsbezug, eine grenzüberschreitende Verlustverrechnung. Aufgrund dieser Anforderung kann eine Kapitalgesellschaft, die ihren Sitz oder ihre Geschäftsleitung in einem anderen Mitgliedstaat hat, nicht als Organgesellschaft fungieren. Eine Zurechnung von Verlusten an den inländischen Organträger ist also insoweit nicht möglich.[157]

Ausdrücklich soll an dieser Stelle angemerkt werden, dass die deutsche Organschaftsbesteuerung nur europarechtswidrig ist, soweit defi-

[152] Dürrschmidt / Schiller, EuR 2006, 266 (281), Balmes / Brück / Ribbrock, BB 2006, 186 (189) und Röhrbein / Eicker, BB 2005, 465 (471).

[153] Siehe hierzu 3.1.4.

[154] Emmerich in Emmerich / Habersack, Aktien- und GmbH-Konzernrecht, § 291 AktG, Rz. 51, Krieger in Hoffmann-Becking, Münchener Handbuch des Gesellschaftsrechts, Band 4 Aktiengesellschaft § 71, Rz. 8 und Kolbe in Herrmann / Heuer / Raupach, § 14 KStG, Rz. 12, 66.

[155] Witt, FR 2009, 1045 (1048), Grotherr, FR 1995, 1 (2) und derselbe, StuW 1995, 124 (149). Ein Gewinnabführungsvertrag ist demnach nur in Portugal, Österreich, Slowenien und Brasilien möglich.

[156] Urteil des FG Niedersachsen vom 11.2.2010 6 K 406/08 (Revision beim BFH eingelegt unter I R 16/10), IStR 2010, 260 (unter Tz. 51: „verdeckte Diskriminierung") und Herzig / Wagner, DB 2005, 1 (7), Raupach / Pohl, NZG 2005, 489 (492) sowie Hey, GmbHR 2006, 113 (118), m.w.N.

[157] Dürrschmidt / Schiller, EuR 2006, 266 (281), Kußmaul / Niehren, Die Organschaft im Spannungsfeld der EG-Grundfreiheiten, S. 185 und dieselben, IStR 2008, 81 (86).

nitive Verluste nicht berücksichtigt werden können. Eine Verrechnung von ausländischen Verlusten, die möglicherweise in der Zukunft in dem ausländischen Staat genutzt werden können, wird durch den Europäischen Gerichtshof nicht gefordert. Dies wird bei einer möglichen Neuregelung der deutschen Organschaft zu berücksichtigen sein. Der Ausschluss ausländischer Organgesellschaften von der deutschen Organschaftsbesteuerung, unabhängig von einer Gewinn- oder Verlustzurechnung, dürfte nach der Entscheidung in der Rechtssache X Holding BV nicht europarechtswidrig sein.

Die persönlichen Voraussetzungen an den Organträger könnten ebenfalls eine Beschränkung der Niederlassungsfreiheit darstellen. Auch ein ausländischer Rechtsträger mit inländischer Zweigniederlassung kann als Organträger qualifizieren. Dieses Erfordernis soll zu einer beschränkten Steuerpflicht des Einkommens der Organgesellschaft führen.[158] In der Europäischen Gemeinschaft ansässige Unternehmen ohne eine in dem Handelsregister der Bundesrepublik Deutschland eingetragene Zweigniederlassung können nicht Organträger sein. Insoweit dürfte die deutsche Organschaft gegen die Niederlassungsfreiheit verstoßen. Allerdings kann diese Beschränkung meines Erachtens aus den von dem Europäischen Gerichtshof anerkannten Gründen gerechtfertigt werden. Ohne einen gewissen inländischen Anknüpfungspunkt für die Besteuerung könnten inländische Gewinne in das Ausland überführt werden. Dies würde die Besteuerungsbefugnis der Bundesrepublik Deutschland beträchtlich mindern und eine Steuerflucht in Staaten mit geringeren Steuersätzen ermöglichen. Eine inländische Zweigniederlassung ist nach der hier vertretenen Meinung ein relativ mildes Mittel, um eine beschränkte Steuerpflicht des ausländischen Unternehmens zu begründen. Die persönlichen Erfordernisse an den Organträger stellen im Ergebnis also keinen Verstoß gegen das Gemeinschaftsrecht dar.[159]

---

[158] Siehe 3.1.1.

[159] So auch Kußmaul / Niehren, Die Organschaft im Spannungsfeld der EG-Grundfreiheiten, S. 182 und Pache / Englert, IStR 2007, 844 (847); A.A. allerdings noch vor dem EuGH-Urteil in der Rs. Oy AA dieselben, IStR 2007, 47 (49).

6 Vorschläge für eine Neuregelung der deutschen Organschaft

Der Rechtsvergleich zwischen der deutschen Organschaft und der österreichischen Gruppenbesteuerung sowie die Darstellung zu den gemeinschaftsrechtlichen Anforderungen an Konzernbesteuerungssysteme sollen nachfolgend genutzt werden, um hieraus Vorschläge für die Ausgestaltung einer möglichen Neuregelung der Organschaft zu entwickeln.

Bei einer Neuregelung sollte bedacht werden, dass diese die Voraussetzungen und Rechtsfolgen des bisherigen Systems ändert. Dies hat für die betroffenen Unternehmensgruppen weitreichende wirtschaftliche Konsequenzen. Hierzu gehören beispielsweise geänderte Möglichkeiten der steuerlichen Verlustverrechnung mit den entsprechenden Auswirkungen auf die Steuerbelastung. Dies schlägt sich wiederum in dem handelsrechtlichen Jahresüberschuss nieder. Des Weiteren könnte eine neue Gesetzeslage eine Anpassung von Konzernstrukturen notwendig machen. Die hierfür erforderlichen Umwandlungsfälle dürften nicht unerhebliche Kosten, zum Beispiel solche für Rechts- und Steuerberatungsleistungen, verursachen. Aus diesem Grund sollte eine Neuregelung nur in den Bereichen Änderungen vornehmen, in denen eine Verbesserung des derzeitigen Systems erreicht werden kann. Der Eingriff in die Organschaftsbesteuerung sollte folglich so gering wie möglich sein. Werden nämlich feste Grundsätze, insbesondere der Grundsatz der Individualbesteuerung, beibehalten, kann bei der Interpretation des Gesetzestextes auf diese zurückgegriffen werden. Denn auch nach einer Neuregelung der Organschaft werden Meinungsverschiedenheiten zwischen den Steuerpflichtigen und der Finanzverwaltung auftreten, die durch die Finanzgerichtsbarkeit entschieden werden müssen.

6.1 System der Konzernbesteuerung

Die Besteuerung von verbundenen Unternehmen kann auf höchst unterschiedliche Art und Weise ausgestaltet werden. Problematisch an dem Einheitskonzept ist die durch die Konsolidierung hervorgerufene, hohe Komplexität.[160] Bei der steuerlichen Ergebnisermittlung dürfte für den Steuerpflichtigen ein ähnlich hoher Arbeitsaufwand anfallen wie bei der Erstellung eines handelsrechtlichen Konzernabschlusses gemäß § 290ff. HGB. Die Finanzverwaltung würde in dem Veranlagungsverfahren mit den gleichen Problemen konfrontiert sein. Deshalb sollte von einer Besteuerung nach dem Einheitskonzept abgesehen werden.

In der Republik Österreich wurde in dem Rahmen der Ablösung der Organschaft durch die Gruppenbesteuerung gefordert, diese stärker an dem System des Konzernabzugs zu orientieren. Hiermit wären auch Verlustzurechnungen zwischen Schwestergesellschaften oder von der Mutter- an die Tochtergesellschaft möglich.[161] Bei einer Modernisierung der deutschen Organschaft sollte allerdings bedacht werden, dass eine Organschafts- oder Gruppenbesteuerung immer nur die Ausnahme von der Regel, nämlich dem Grundsatz der Individualbesteuerung, darstellt. Dieser Grundsatz wird nur durchbrochen, weil die Organgesellschaft wirtschaftlich unselbständig ist. Dies gilt allerdings nur in dem Verhältnis zu dem Organträger. Eine Verlustzurechnung an eine Tochter- oder Schwestergesellschaft wäre nicht mit dieser Systematik vereinbar. Ein Konzernabzug dürfte wegen der liberalen Verlustverrechnung zwar den Interessen der betroffenen Konzerne sehr entgegen kommen. Allerdings sollte es auch andere Möglichkeiten geben, diese ohne eine Durchbrechung des über Jahrzehnte praktizierten Systems zu berücksichtigen.

Abschließend soll festgestellt werden, dass das Zurechnungskonzept sicherlich keine Schwachstelle der Organschaft darstellt. Von allen in Frage kommenden Systemen fügt es sich am besten in das deutsche Steuersystem ein. Aus diesem Grund sollte das Zurechnungskonzept beibehalten werden. Somit müssen nachfolgend nur die einzelnen zu ändernden Aspekte der Organschaft, nicht etwa ein neues System, dargestellt werden. Deshalb soll auch weiterhin der Begriff der Organschaft verwendet werden.

---

160 Herzig / Wagner, DB 2005, 1 (8) und Esterer / Bartelt, BB 2010, Beilage 1, 2 (7).

161 Gassner, SWK 2004, 473 (476). Siehe auch 2.2.

6.2 Erfordernis des Gewinnabführungsvertrages

Das Erfordernis des Gewinnabführungsvertrages für die Bildung einer Organschaft wird in der Literatur massiv kritisiert. Seit der Kodifizierung der Organschaft wird die Einkommenszurechnung gesetzlich angeordnet. Aus diesem Grund könne auf den Gewinnabführungsvertrag verzichtet werden, da dieser nicht mehr benötigt wird, um die steuerliche Ergebniszurechnung zu rechtfertigen.[162] Wie oben dargestellt, ist der Gewinnabführungsvertrag als Voraussetzung für die Bildung einer Organschaft nicht mit dem Europarecht vereinbar. Aus diesem Grund dürfte es nur noch eine Frage der Zeit sein, bis der Europäische Gerichtshof dies gerichtlich feststellt.

Darüber hinaus führt der Gewinnabführungsvertrag auch in seinen Rechtsfolgen zu Problemen. Durch die Abführung des gesamten Gewinns bzw. des Ausgleichs eines eventuellen Verlustes wird der Organgesellschaft die Verantwortung für ihren wirtschaftlichen Erfolg genommen.[163] Dieser betriebswirtschaftliche Aspekt soll allerdings nicht weiter vertieft werden. Zudem ist der Abschluss eines Gewinnabführungsvertrages in der Praxis sehr fehleranfällig.[164] Dessen zivilrechtliche Unwirksamkeit führt zu der Unwirksamkeit der gesamten Organschaft. Die steuerlichen Konsequenzen, insbesondere die Rückabwicklung der Organschaft, könnten durch einen Verzicht auf den Gewinnabführungsvertrag verhindert werden. Minderheitsgesellschafter der den Gewinn abführenden Kapitalgesellschaft müssen durch eine Ausgleichszahlung entschädigt werden. Durch den Verzicht auf rein steuerlich motivierte Gewinnabführungsverträge könnten Spruchverfahren über die angemessene Höhe der Ausgleichszahlung von vornherein vermieden werden. Dies würde der Organgesellschaft unnötige Kosten ersparen und die zuständigen Gerichte entlasten.

Im Ergebnis sprechen also gewichtige Argumente für einen Verzicht auf das Erfordernis eines Gewinnabführungsvertrages. Ohne weitere Änderungen würde dies allerdings dazu führen, dass bei Vorliegen ei-

---

[162] Grotherr, FR 1995, 1 (3, 13), Pache / Englert, IStR 2007, 844 (849), Jochum, FR 2005, 577 (581) und Wagner, StuW 2007, 308 (310), m.w.N.; Siehe auch 3.1.4.

[163] Danelsing, DStR 2005, 1342 (1344).

[164] Zu Einzelheiten und Beispielen siehe Schöneborn, DB 2010, 245 (245ff.).

ner finanziellen Eingliederung stets eine Organschaft entsteht. Nicht in jedem Fall dürfte deren Bildung von dem Steuerpflichtigen gewünscht sein. Insbesondere wenn auch nach einer Neuregelung vororganschaftliche Verluste während der Zeit der Organschaft nicht genutzt werden können, sollte vorerst auf diese verzichtet werden. Der Gruppenantrag der österreichischen Gruppenbesteuerung kann hier als Vorbild dienen. Denn durch diesen kann der Wille, ob eine Organschaft gebildet werden soll, gegenüber den Finanzbehörden ausgedrückt werden.

6.3 Finanzielle Eingliederung

Wird auf die Voraussetzung des Abschlusses eines Gewinnabführungsvertrages verzichtet, kommt dem Bestehen der finanziellen Eingliederung eine erhöhte Bedeutung zu. Denn diese wäre dann die einzige sachliche Voraussetzung, um durch den Antrag eine Organschaft bilden zu können.

Da die finanzielle Eingliederung die Durchsetzung des Willens des Organträgers bei der Organgesellschaft sicherstellen soll, sollte meines Erachtens nur eine Stimmrechtsmehrheit zu erfüllen sein. Der Anteil an dem gesellschaftsrechtlichen Grund- oder Stammkapital der Organgesellschaft hat hingegen vor allem Bedeutung für die Gewinnverteilung. Insoweit braucht auch keine Änderung der bisherigen Regelung vorgenommen werden. Die nötige Stimmrechtsmehrheit sollte allerdings auf 75 v.H. erhöht werden. Denn ein Organträger, der weniger als 75 v.H. der Stimmrechte an der Organgesellschaft hält, kann keine Satzungsänderung herbeiführen (§ 179 Abs. 2 AktG, § 53 Abs. 2 GmbHG). Bei bestimmten Maßnahmen, insbesondere Kapitalmaßnahmen, Änderungen des Gesellschaftszwecks und Umwandlungen, ist diese allerdings erforderlich. Dem Organträger sollte es auch möglich sein, solche tiefgreifenden Änderungen auf Ebene der Organgesellschaft durchzusetzen. Denn nur dann kann die Organgesellschaft gegenüber dem Organträger als vollkommen unselbständig angesehen werden. Des Weiteren sollte nicht außer Acht gelassen werden, dass durch die Organschaft der Grundsatz der Individualbesteuerung durchbrochen wird. Allein eine Stimmrechtsmehrheit von lediglich mehr als 50 v.H. kann bei einem

Wegfall des Gewinnabführungsvertrages als weitere Voraussetzung eine solche Durchbrechung noch nicht rechtfertigen.

Ein weiteres Argument ist die Herstellung eines größeren Abstandes zwischen einem Stimmrechtsanteil, der eine Organschaft ermöglicht und einer Stimmrechtshöhe, bei der dies noch nicht der Fall ist. Dies soll anhand des folgenden Beispiels erläutert werden.

Beispiel 12: Stimmrechtsmehrheit bei der finanziellen Eingliederung

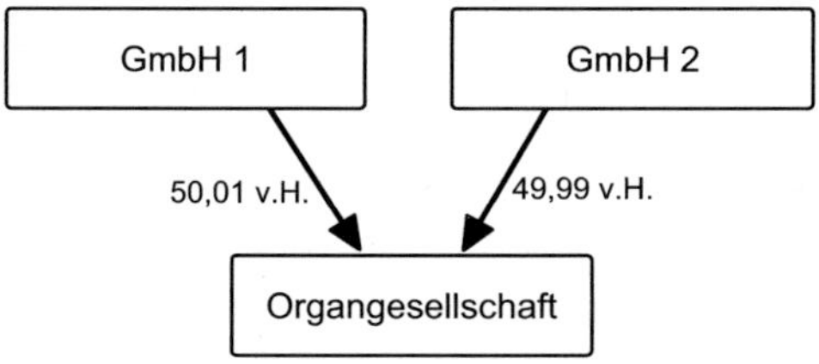

Bei einer erforderlichen Mehrheit von 50 v.H. könnten GmbH 1 und die Organgesellschaft eine Organschaft bilden. GmbH 2, deren Stimmrechtsanteil quantitativ nur unwesentlich geringer ist, könnte nicht Organträger sein.

Das Ergebnis in dem Beispiel kann nicht überzeugen. Auch die weniger als 50 v.H. besitzende Gesellschaft hat erheblichen Einfluss auf die Organgesellschaft. Diesen kann sie beispielsweise über die Besetzung des Aufsichts- bzw. Geschäftsführungsorgans bei der Organgesellschaft geltend machen.

Bei der Herstellung der finanziellen Eingliederung über mittelbare Beteiligungen sollte aus den dargestellten Gründen[165] die Additionsmethode angewandt werden. Hierzu wäre eine konkrete gesetzliche Regelung wünschenswert, um Meinungsverschiedenheiten zwischen der Finanzverwaltung und dem Steuerpflichtigen vorzubeugen. Wie diese mittelbare Beteiligung hergestellt wird, ob über eine Personengesellschaft oder über eine Kapitalgesellschaft, welche wiederum in die Organschaft einbezogen wird oder nicht, sollte unerheblich sein. Denn diese vermittelnden Gesellschaften haben hierbei nur die Aufgabe den Willen des Organträgers bis zu der Organgesellschaft zu „transportieren". Deren

[165] Siehe hierzu 4.1.2.3.

Rechtsform, Zugehörigkeit zu der Organschaft oder deren Sitz haben keine Auswirkung auf diese Funktion. Entscheidend ist allein, dass die Organgesellschaft wirtschaftlich betrachtet nicht mehr selbständig ist.

Aus dem Verzicht auf den Gewinnabführungsvertrag resultiert, dass der Organkreis mehr als nur den Organträger und eine Organgesellschaft umfassen kann. Künftig könnten, wie bei der österreichischen Gruppenbesteuerung, mehrere Organgesellschaften in eine Organschaft einbezogen werden, wenn sie jeweils finanziell in den Organträger eingegliedert sind. Somit müsste auch nur ein Antrag für den gesamten Organkreis gestellt werden. Es sollte für jede Tochtergesellschaft separat gewählt werden können, ob diese in die Organschaft einbezogen werden soll. Folglich könnten auch einzelne, die finanzielle Eingliederung vermittelnde Gesellschaften außen vor gelassen werden.

6.4 Mitglieder des Organkreises

Der Organkreis besteht aus dem Organträger und einer oder mehreren Organgesellschaft(en). Nachfolgend sind jeweils deren mögliche Rechtsform und deren Ansässigkeitserfordernis festzulegen.

Der Organträger ist das Unternehmen, welches das gesamte Organeinkommen versteuert. Somit ist es unerlässlich, dass dieser mindestens der beschränkten Steuerpflicht unterliegt. Jeder Organträger muss also einen Anknüpfungspunkt für die inländische Besteuerung aufweisen. Anderenfalls wäre ein Abfluss inländischen Besteuerungssubstrats nur allzu leicht möglich. Dahingehende Regelungen verstoßen zwar gegen die Niederlassungsfreiheit, sind aber gerechtfertigt, um die Aufteilung der Besteuerungsbefugnis zu wahren. Das deutsche Steuerrecht ermöglicht bei Erfüllung bestimmter Voraussetzungen auch ausländischen gewerblichen Unternehmen (§ 18 KStG) und doppelansässigen Kapitalgesellschaften Organträger zu sein. In diesem Bereich sollten keine Änderungen vorgenommen werden. Denn das deutsche Steuerrecht setzt der durch die Niederlassungsfreiheit gebotenen Ausweitung auch auf ausländische Rechtsträger erst dort Schranken, wo das deutsche Besteuerungsrecht eingeschränkt werden könnte. Insofern besteht nach der hier vertretenen Einschätzung eine angemessene Balance zwischen den Interessen internationaler Konzerne und jenen des deutschen Fiskus. Eine Einschränkung auf Organträger in der Rechtsform der Kapitalgesellschaft sollte mangels zwingenden Grundes hierfür nicht vorgenommen werden. Zudem könnte bei einer Beibehaltung von Personengesellschaften als Organträger eine Neuregelung der Mehrmütterorganschaft ermöglicht werden. Eine solche wird teilweise in der Literatur gefordert.[166]

Die Rechtsprechung des Europäischen Gerichtshofes erfordert eine Verrechnung von endgültigen ausländischen Verlusten mit inländischen Gewinnen. Der Gesetzgeber hätte hierbei die Möglichkeit, eine dementsprechende eigenständige Neuregelung zu treffen. § 2a Abs. 1 Nr. 2 EStG, der die Verrechnung ausländischer Betriebsstättenverluste regelt, könnte als Vorbild dienen. Eine solche Vorschrift wäre aber eine weitere Ausnahme von dem Grundsatz der Individualbesteuerung, der keine Verrechnung der steuerlichen Ergebnisse zwischen unterschiedlichen Steuersubjekten vorsieht. Da die Organschaft bereits eine solche Ausnahme darstellt, könnte eine entsprechende Regelung am einfachsten in die Organschaftsbesteuerung integriert werden.

Hierzu müssen auch ausländische Kapitalgesellschaften als Organgesellschaft fungieren können. Die österreichische Gruppenbesteuerung beschränkt den Einbezug ausländischer Gesellschaften auf die oberste ausländische Konzernebene.[167] Diese Regelung dürfte europarechtswidrig sein, da bei österreichischen Enkelgesellschaften eine Verlustzurechnung an den Gruppenträger möglich ist.[168] Aus diesem Grund sollten bei einer Neuregelung der deutschen Organschaft alle ausländischen Gesellschaften, die in den deutschen Organträger finanziell eingegliedert sind, einbezogen werden können. Deren Kreis sollte allerdings, abweichend zu der Gruppenbesteuerung, auf Kapitalgesellschaften aus der Europäischen Gemeinschaft beschränkt werden. Denn nur

---

[166] Endres, Gesetzgeberischer Überarbeitungsbedarf bei der Organschaft: eine Bestandsaufnahme, S. 204, Prinz, GmbHR 2005, 917 (920) und Esterer / Bartelt, BB 2010, Beilage 1, 2 (6).

[167] Siehe 4.1.1.3.5.

[168] Kessler, IStR 2006, 289 (296), Stefaner / Weninger, SWI 2004, 441 (447) und dieselben, SWI 2005, 133 (134).

in dem Verhältnis zu diesen ist eine diskriminierungsfreie Behandlung geboten. Die Kapitalverkehrsfreiheit, die grundsätzlich auch in dem Verhältnis zu Drittstaaten gilt, ist hierbei nicht eingeschränkt. Denn durch die Einhaltung der Niederlassungsfreiheit wird nach Art. 58 Abs. 2 EGV die Anwendung der Kapitalverkehrsfreiheit ausgeschlossen.[169] Auf diese Weise kann unter Wahrung des Gemeinschaftsrechts eine Minderung des deutschen Steueraufkommens durch die nachfolgend beschriebene Verlustberücksichtigung ausländischer Organgesellschaften abgemildert werden.

6.5 Verlustverrechnung

Definitive Verluste ausländischer Tochtergesellschaften müssen aufgrund der Rechtsprechung des Europäischen Gerichtshofes in dem Inland verrechnet werden können. Die Bundesrepublik Deutschland kommt somit nicht umhin, ihr Organschaftssystem entsprechend zu ändern. Kann der Steuerpflichtige also beweisen, dass die Verluste in dem ausländischen Staat weder vor- noch zurückgetragen oder durch einen Dritten genutzt werden können, sind diese bei dem inländischen Organträger zu berücksichtigen.

Eine Verrechnung von in- und ausländischen vororganschaftlichen Verlusten sowie noch nicht endgültigen ausländischen Verlusten muss nicht zwingend gewährt werden. Ein Organschaftssystem dürfte von den entsprechenden Unternehmen umso attraktiver eingeschätzt werden, je leichter Verluste verwertet werden können. Eine zeitnahe Verlustnutzung hat allerdings vorerst negative Auswirkungen auf das Steueraufkommen. Deshalb wird das Ausmaß der Verrechnung der genannten Verluste eine wirtschafts- und haushaltspolitische Entscheidung des Gesetzgebers sein. Die Republik Österreich hat sich hierbei für relativ großzügige Verlustverrechnungsmöglichkeiten entschieden. Lediglich Vorgruppenverluste ausländischer Gruppenmitglieder können nicht genutzt werden.

---

[169] Kellersmann in Kellersmann / Treisch, Europäische Unternehmensbesteuerung, S. 170, 173.

Meines Erachtens sollte auch die Bundesrepublik Deutschland die Verrechnung von noch nicht endgültigen ausländischen Verlusten zulassen. Bei einer Verlustnutzung in dem ausländischen Staat könnten diese dann nachversteuert werden. Aufgrund der oben dargestellten Ansässigkeitserfordernisse an die Organgesellschaft wäre diese Verlustnutzung auf Unternehmen der Europäischen Gemeinschaft beschränkt. Die lediglich quotale Verlustzurechnung bei der österreichischen Gruppenbesteuerung wird als europarechtswidrig angesehen.[170] Deshalb sollte bei einer Modernisierung der Organschaft der gesamte Verlust der ausländischen Kapitalgesellschaft zugerechnet werden.

Vereinfachend darf unterstellt werden, dass in vielen Fällen ein steuerlicher Verlust mit einem handelsrechtlichen Jahresfehlbetrag einhergeht. Durch eine sofortige Verlustnutzung wird die Steuerbelastung auf Ebene des Organträgers gemindert. Dies hat wiederum einen positiven Effekt auf das handelsrechtliche Ergebnis. Durch die Nachversteuerung wird der Organträger steuerlich erst wieder belastet, wenn die Organgesellschaft Gewinne erzielt. Eine solche Regelung kann also Unternehmen in einer Verlustsituation finanziell unterstützen. Dies kann möglicherweise eine Insolvenz wegen Zahlungsunfähigkeit oder bilanzieller Überschuldung verhindern. Hierbei muss bedacht werden, dass der Fiskus nur in Höhe der Kapitalkosten der aufgeschobenen Steuerzahlung belastet wird. Die Kapitalkosten der Bundesrepublik Deutschland sind aufgrund ihres exzellenten Kreditratings aber mitunter beträchtlich niedriger als die der betroffenen Unternehmen. Eine Verrechnung ausländischer Verluste ist also auch aus finanzwirtschaftlicher Sicht sinnvoll. Eine definitive Belastung tritt für den Fiskus nur ein, wenn die Verluste in dem Ausland endgültig werden. Denn dann ist keine Nachversteuerung mehr möglich. Diese Verluste müssen allerdings schon aufgrund der Rechtsprechung des Europäischen Gerichtshofes berücksichtigt werden.

Auch vororganschaftliche Verluste sollten während der Zeit der Organschaft genutzt werden können. § 8c KStG verhindert bzw. erschwert be-

---

[170] Stefaner / Weninger, SWI 2004, 441 (446) Herzig / Wagner, DStR 2006, 1 (10) und Bergemann / Schönherr / Stäblein, BB 2005, 1706 (1714).

reits den sogenannten Mantelkauf. Eine Nichtberücksichtigung vororganschaftlicher Verluste kann somit nicht mit einer dahingehenden Missbrauchsverhinderung gerechtfertigt werden. Eine Organgesellschaft kann nach den hier beschriebenen Vorschlägen durch die bloße Antragstellung in den Organkreis aufgenommen werden. Der Steuerpflichtige könnte diese also auch abwarten, bis die Organgesellschaft ihre Verlustvorträge vollständig genutzt hat. Folglich besteht insoweit kein wirtschaftlicher Unterschied zwischen einer Gewährung der Nutzung von vororganschaftlichen Verlusten und einem dahingehenden Verbot. Die Saldierung sollte allerdings, wie bei der Gruppenbesteuerung, nur mit eigenen Gewinnen der Organgesellschaft erfolgen.

6.6 Weitere Einzelaspekte und abschließende Würdigung

Gewinne und Verluste sollten, anders als in dem österreichischen System, direkt dem Organträger zugerechnet werden. Die finanzielle Eingliederung muss nämlich in dem Verhältnis zu diesem erfüllt sein. Dies lässt es systematisch sinnvoll erscheinen, dem Organträger auch das Einkommen zuzurechnen. Somit ist es auch möglich, wie oben beschrieben, einzelne Gesellschaften nicht in die Organschaft einzubeziehen. Diese dienen dann nur der Vermittlung einer finanziellen Eingliederung. Sowohl bei der österreichischen Gruppenbesteuerung als auch in dem vorgeschlagenen Organschaftssystem können laufende Verluste uneingeschränkt zugerechnet werden. Folglich dürften zwischen einer stufenweisen und einer direkten Zurechnung keine wirtschaftlichen Unterschiede bestehen. Auf eine Regelung, die die Zurechnung ausländischer Gewinne statuiert, sollte wie bei der Gruppenbesteuerung verzichtet werden. Denn an diesen hat die Bundesrepublik Deutschland nach den Doppelbesteuerungsabkommen kein Besteuerungsrecht.

Die fiktive Unabhängigkeit der Organschaft bei der Einkommensermittlung sollte beibehalten werden. Hierdurch kann das Einkommen, mit wenigen Ausnahmen, so ermittelt werden, als ob eine Organschaft nicht bestünde. Dies dürfte für den Steuerpflichtigen bzw. für seinen steuerlichen Berater und für die Finanzverwaltung den geringsten Arbeitsaufwand zur Folge haben. Auch eine steuerliche Teilwertabschreibung sollte weiterhin verwehrt werden, um eine doppelte Verlustberücksichtigung zu verhindern. Auf eine Firmenwertabschreibung zu der Förderung der Bundesrepublik Deutschland als Unternehmensstandort muss aus fiskalischen Gründen wohl verzichtet werden. Der Verzicht auf den Gewinnabführungsvertrag dürfte aus konzernrechtlicher Sicht eine Steuerumlage erforderlich machen. Eine steuerrechtliche Regelung hierüber wird für entbehrlich gehalten, da es nicht die Aufgabe des Steuerrechts sei, Konzernrecht zu regeln.[171]

Die dargestellte Konzeption einer Organschaft führt aufgrund der direkten Einkommenszurechnung zu einer starken Ausrichtung auf den Organträger. Dies wird als systemgerecht erachtet, da dieser die Organgesellschaften durch die Möglichkeit seinen Willen durchzusetzen, unselbständig macht. Über den Einbezug einzelner Gesellschaften in den Organkreis ist eine sehr große Wahlfreiheit möglich. Insoweit wird das alte System fortgeführt, bei dem diese Wahl über den Abschluss des Gewinnabführungsvertrages getroffen wurde.

[171] Gassner FR 2004, 517 (520) und Esterer / Bartelt, BB 2010, Beilage 1, 2 (7).

7 Zusammenfassung und Ausblick

Bei der Besteuerung von Organschaften wird der Grundsatz der Individualbesteuerung durchbrochen. Für die Bildung einer Organschaft sind relativ umfangreiche Voraussetzungen und Formvorschriften zu erfüllen. Ihre vordergründige Rechtsfolge besteht in der Zurechnung des Einkommens der Organgesellschaft an den Organträger, welcher das Gesamtergebnis versteuert. Die österreichische Gruppenbesteuerung folgt dem gleichen Prinzip. Zwei Unterschiede sind allerdings besonders auffällig. Bei der Gruppenbesteuerung können auch Verluste ausländischer Gruppenmitglieder zugerechnet werden. Des Weiteren wird deutlich, dass aus steuerlicher Sicht auf einen Gewinnabführungsvertrag verzichtet werden kann. Dieser ist zudem gemeinschaftsrechtlich höchst bedenklich. Auch eine Verrechnung von endgültigen Verlusten einer ausländischen Tochtergesellschaft ist nach dem Urteil des Europäischen Gerichtshofes in der Rechtssache Marks & Spencer geboten. Der Gesetzgeber wird nicht umhinkommen, entsprechende Änderungen an dem Recht der Organschaft vorzunehmen. Weitere Anpassungen könnten die Bildung einer Organschaft stark vereinfachen und für die entsprechenden Unternehmen wirtschaftlich attraktiver machen. Hierbei wurde gezeigt, dass eine Modernisierung der Organschaft auch mit der Änderung von einzelnen Regelungen erreicht werden kann. Ein Konzernbesteuerungssystem sollte sich nämlich nach der hier vertretenen Meinung an gefestigten Prinzipien des deutschen Steuerrechts orientieren. Des Weiteren dürften großzügige Sonderregelungen für größere Unternehmen der Mehrheit der Steuerpflichtigen nur schwer vermittelbar sein. Deshalb wurde versucht, auch fiskalische Interessen zu berücksichtigen.

In dem Rahmen dieses Buches konnten nur Vorschläge gemacht werden, wie eine Modernisierung der Organschaft aus steuerlicher Sicht möglichst optimal ausgestaltet werden sollte. Falls dieses Reformvorhaben wirklich umgesetzt wird, werden aber auch (partei-)politische Interessen Einfluss auf eine Neuregelung nehmen. Eine steuerlich optimale Lösung dürfte deshalb Wunschdenken sein.

Anlage 1: § 9 öKStG

Unternehmensgruppen

§ 9. (1) Abweichend von § 7 können finanziell verbundene Körperschaften (Abs. 2 bis 5) nach Maßgabe des Abs. 8 eine Unternehmensgruppe bilden. Dabei wird das steuerlich maßgebende Ergebnis des jeweiligen Gruppenmitglieds (Abs. 6 und Abs. 7) dem steuerlich maßgebenden Ergebnis des beteiligten Gruppenmitglieds bzw. Gruppenträgers jenes Wirtschaftsjahres zugerechnet, in das der Bilanzstichtag des Wirtschaftsjahres des Gruppenmitgliedes fällt.

(2) Gruppenmitglieder (als Beteiligungskörperschaften oder als beteiligte inländische Körperschaften) können sein:

- unbeschränkt steuerpflichtige Kapitalgesellschaften und Erwerbs- und Wirtschaftsgenossenschaften, die unter § 7 Abs. 3 fallen,
- nicht unbeschränkt steuerpflichtige ausländische Körperschaften, die mit einer inländischen Kapitalgesellschaft oder Erwerbs- und Wirtschaftsgenossenschaft vergleichbar sind und ausschließlich mit unbeschränkt steuerpflichtigen Gruppenmitgliedern oder dem Gruppenträger finanziell verbunden sind (Abs. 4).

Inländische unbeschränkt steuerpflichtige Gruppenmitglieder können auch Mitbeteiligte einer Beteiligungsgemeinschaft nach Maßgabe des Abs. 3 und 4 sein.

(3) Gruppenträger können sein

- unbeschränkt steuerpflichtige Kapitalgesellschaften,
- unbeschränkt steuerpflichtige Kapitalgesellschaften und Erwerbs- und Wirtschaftsgenossenschaften, die unter § 7 Abs. 3 fallen,
- unbeschränkt steuerpflichtige Versicherungsvereine auf Gegenseitigkeit im Sinne des Versicherungsaufsichtsgesetzes,
- unbeschränkt steuerpflichtige Kreditinstitute im Sinne des Bankwesengesetzes,
- beschränkt steuerpflichtige
    - in der Anlage 2 zum Einkommensteuergesetz 1988 in der jeweils geltenden Fassung genannten, den von den Teilstrichen 1 bis 4 umfassten inländischen Rechtsformen vergleichbaren Gesellschaften und
    - den Kapitalgesellschaften vergleichbare Gesellschaften, die den Ort der Geschäftsleitung und den Sitz in einem Mitgliedstaat des Europäischen Wirtschaftsraumes haben,

  wenn sie mit einer Zweigniederlassung im Firmenbuch eingetragen sind und die Beteiligung an den Gruppenmitgliedern (Abs. 2) der Zweigniederlassung zuzurechnen ist, und
- Beteiligungsgemeinschaften (als Personengesellschaft, Beteiligungssyndikat oder im Wege gemeinsamer Kontrolle), wenn sie ausschließlich aus den in den Vorpunkten genannten Steuerpflichtigen gebildet werden, nach Maßgabe des Abs. 4. Als Beteiligungsgemeinschaft gelten jedenfalls Personen, die die Beteiligungskörperschaft gemeinsam im Sinne des Art. 3 der Fusionskontrollverordnung, (EWG) Nr. 139/2004 in der jeweils geltenden Fassung, kontrollieren oder an der gemeinsamen Kontrolle mitwirken. Ein Mitbeteiligter einer Beteiligungsgemeinschaft kann gleichzeitig Gruppenträger oder Gruppenmitglied einer anderen Unternehmensgruppe sein.

Ist eine Körperschaft in mehreren Staaten unbeschränkt steuerpflichtig, kann sie nur dann Gruppenträger sein, wenn sie im Inland mit einer Zweigniederlassung im Firmenbuch eingetragen ist und die Beteiligung an Gruppenmitgliedern der Zweigniederlassung zuzurechnen ist.

(4) Als finanziell verbundene Körperschaften gelten solche, bei denen

- die beteiligte Körperschaft unmittelbar mehr als 50% des Grund-, Stamm- oder Genossenschaftskapitals und der Stimmrechte der Beteiligungskörperschaft besitzt,
- die beteiligte Körperschaft mittelbar über eine Personengesellschaft oder zusammen mit einer unmittelbar gehaltenen Beteiligung in einem Ausmaß beteiligt ist, dass sie unter

Berücksichtigung der an der Personengesellschaft bestehenden Beteiligungsquote mehr als 50% des Grund-, Stamm- oder Genossenschaftskapitals und der Stimmrechte der Beteiligungskörperschaft besitzt,

- die beteiligte Körperschaft mittelbar über eine oder mehrere unmittelbar gehaltene Beteiligung(en) an Gruppenmitgliedern, die für sich nicht im Sinne des ersten Teilstriches an der Beteiligungskörperschaft beteiligt sind, allein oder zusammen mit einer unmittelbar gehaltenen Beteiligung insgesamt eine Beteiligung von mehr als 50% des Grund-, Stamm- oder Genossenschaftskapitals und der Stimmrechte der Beteiligungskörperschaft besitzt,
- die Beteiligungsgemeinschaft insgesamt unmittelbar oder mittelbar über eine Personengesellschaft mehr als 50% des Grund-, Stamm- oder Genossenschaftskapitals und der Stimmrechte an einer Beteiligungskörperschaft besitzt und zumindest ein Mitbeteiligter der Gemeinschaft eine Beteiligung am Grund-, Stamm- oder Genossenschaftskapital und an den Stimmrechten von mindestens 40% der Beteiligungskörperschaft und jeder weitere Mitbeteiligte eine solche von mindestens 15% besitzt.

(5) Die finanzielle Verbindung im Sinne des Abs. 4 muss während des gesamten Wirtschaftsjahres des jeweiligen Gruppenmitgliedes vorliegen. Erfüllen im Falle einer Beteiligungsgemeinschaft die Mitbeteiligten die Voraussetzungen des Abs. 4 zu Beginn des Wirtschaftsjahres des jeweiligen Gruppenmitglieds, kann die Beteiligungsgemeinschaft bis zum Gruppenantrag gebildet werden. Steuerlich wirksame rückwirkende Anteilserwerbe und Anteilsübertragungen im Sinne der Abgabenvorschriften sind auch für die Frage der finanziellen Verbindung maßgebend.

Vermögensübertragungen innerhalb der Unternehmensgruppe gelten nicht als Änderung der Voraussetzungen für Gruppenverhältnisse, sofern die Unternehmensgruppe weiterhin finanziell verbunden bleibt.

(6) Bei Ermittlung des zuzurechnenden steuerlich maßgebenden Ergebnisses ist Folgendes zu beachten:

1. Als Ergebnis eines unbeschränkt steuerpflichtigen Gruppenmitglieds gilt das Einkommen unter Berücksichtigung der Z 4.
2. Das Einkommen im Sinne der Z 1 ist dem am Gruppenmitglied nach Abs. 4 entsprechend unmittelbar oder mittelbar beteiligten Gruppenmitglied bzw. Gruppenträger zuzurechnen. Als Ergebnis des Gruppenträgers gilt das Einkommen mit der Maßgabe, dass Sonderausgaben vom zusammengefassten Ergebnis abzuziehen sind.
3. Bei Beteiligungsgemeinschaften ist das Einkommen des Gruppenmitglieds im Sinne der Z 1 und 2, an dem die Beteiligung besteht, den Mitbeteiligten im Ausmaß ihrer Beteiligung an der Beteiligungsgemeinschaft zuzurechnen.
4. Vortragsfähige Verluste (§ 8 Abs. 4 Z 2) des unbeschränkt steuerpflichtigen Gruppenmitglieds aus Zeiträumen vor dem Wirksamwerden der Unternehmensgruppe (Vorgruppenverluste) oder aus einer umgründungsbedingten Übernahme durch ein Gruppenmitglied (Außergruppenverluste) können bis zur Höhe des eigenen Gewinnes des jeweiligen Gruppenmitglieds verrechnet werden. Außergruppenverluste liegen nicht vor, wenn vortragsfähige Verluste innerhalb der Gruppe entstanden sind und umgründungsbedingt auf ein anderes Gruppenmitglied übergehen.
5. Steuerumlagen zum Zwecke des Ausgleichs der steuerlichen Wirkungen, die sich aus der Zurechnung der Einkommen der Gruppenmitglieder zum Gruppenträger ergeben, sind steuerneutral.
6. Bei nicht unbeschränkt steuerpflichtigen ausländischen Gruppenmitgliedern sind nur die nach § 5 Abs. 1 und den übrigen Vorschriften des Einkommensteuergesetzes 1988 und dieses Bundesgesetzes ermittelten Verluste aus Einkunftsquellen des jeweiligen Wirtschaftsjahres dem unmittelbar beteiligten Gruppenmitglied bzw. Gruppenträger im Ausmaß der Beteiligungen aller beteiligter Gruppenmitglieder einschließlich eines beteiligten Gruppenträgers zuzurechnen. In Jahren, in denen der ausländische Verlust mit einem ausländischen Gewinn verrechnet wird oder verrechnet werden könnte, ist ein Betrag in diesem Ausmaß beim beteiligten inländischen Gruppenmitglied bzw. Gruppenträger, dem der Verlust zugerechnet wurde, als Gewinn zuzurechnen. Scheidet das nicht unbeschränkt steuerpflichtige ausländische Gruppenmitglied aus der Unternehmensgruppe aus, ist im Jahr des Ausscheidens ein Betrag im Ausmaß aller zu-

gerechneten im Ausland nicht verrechneten Verluste beim Gruppenmitglied bzw. beim Gruppenträger als Gewinn zuzurechnen. Dem Ausscheiden ist ein Verlust der Vergleichbarkeit im Sinne § 4 Z 1 lit. c des Umgründungssteuergesetzes gleichzuhalten. Im Falle des Untergangs (Liquidation oder Insolvenz) des ausländischen Gruppenmitglieds ist bei tatsächlichem und endgültigem Vermögensverlust der zuzurechnende Betrag um die während der Gruppenzugehörigkeit nicht steuerwirksamen Teilwertabschreibungen zu kürzen.

(7) Bei der Gewinnermittlung sind Abschreibungen auf den niedrigeren Teilwert (§ 6 Z 2 lit. a des Einkommensteuergesetzes 1988) und Veräußerungsverluste hinsichtlich von Beteiligungen an Gruppenmitgliedern nicht abzugsfähig. Im Falle der Anschaffung einer Beteiligung (Abs. 4) durch ein Gruppenmitglied bzw. den Gruppenträger oder eine für eine Gruppenbildung geeignete Körperschaft an einer betriebsführenden unbeschränkt steuerpflichtigen Beteiligungskörperschaft (Abs. 2), ausgenommen unmittelbar oder mittelbar von einem konzernzugehörigen Unternehmen bzw. unmittelbar oder mittelbar von einem einen beherrschenden Einfluss ausübenden Gesellschafter, ist ab Zugehörigkeit dieser Körperschaft zur Unternehmensgruppe beim unmittelbar beteiligten Gruppenmitglied bzw. Gruppenträger eine Firmenwertabschreibung in folgender Weise vorzunehmen:

- Als Firmenwert gilt der dem Beteiligungsausmaß entsprechende Unterschiedsbetrag zwischen dem handelsrechtlichen Eigenkapital der Beteiligungskörperschaft zuzüglich stiller Reserven im nicht abnutzbaren Anlagevermögen und den steuerlich maßgebenden Anschaffungskosten, höchstens aber 50% dieser Anschaffungskosten. Der abzugsfähige Firmenwert ist gleichmäßig auf 15 Jahre verteilt abzusetzen.
- Insoweit von den Anschaffungskosten einer Beteiligung steuerwirksame Abschreibungen auf den niedrigeren Teilwert (§ 6 Z 2 lit. a des Einkommensteuergesetzes 1988) vorgenommen worden sind, ist der Firmenwert im ersten Jahr der Zugehörigkeit zur Unternehmensgruppe um den vollen Betrag der Teilwertabschreibung, saldiert mit erfolgten Zuschreibungen, zu kürzen. Offene Teilbeträge der Teilwertabschreibung sind unabhängig davon gem. § 12 Abs. 3 Z 2 weiter zu berücksichtigen.
- Findet die Gruppenbildung erst nach dem Anschaffungsjahr statt, können jene Fünfzehntel abgesetzt werden, die ab dem Jahr des Wirksamwerdens der Unternehmensgruppe offen sind. Die Firmenwertabschreibung ist auf die Dauer der Zugehörigkeit der beteiligten Körperschaft und der Zugehörigkeit des Betriebes oder der Teilbetriebe der Beteiligungskörperschaft zur Unternehmensgruppe beschränkt.
- Ergibt sich auf Grund der Anschaffung der Beteiligung ein negativer Firmenwert, ist dieser im Sinne der vorstehenden Sätze gewinnerhöhend anzusetzen.
- Die steuerlich berücksichtigten Fünfzehntelbeträge vermindern oder erhöhen den steuerlich maßgeblichen Buchwert.
- Gehen Beteiligungen, auf die eine Firmenwertabschreibung vorgenommen wurde, umgründungsbedingt unter oder werden sie zur Abfindung der Anteilsinhaber der übertragenden Körperschaft verwendet, sind abgesetzte Fünfzehntelbeträge zum Umgründungsstichtag steuerwirksam nachzuerfassen, soweit der Nacherfassungsbetrag im Unterschiedsbetrag zwischen Buchwert und Verkehrswert der abgeschriebenen Beteiligung Deckung findet. Tritt an die Stelle der firmenwertabgeschriebenen Beteiligung umgründungsbedingt die Beteiligung an einer übernehmenden Körperschaft, hat die Nacherfassung erst dann zu erfolgen, wenn die Beteiligung an der übernehmenden Körperschaft umgründungsbedingt untergeht.

(8) Die Gruppenbesteuerung erstreckt sich auf den Gruppenträger und die Gruppenmitglieder, die in einem schriftlichen Gruppenantrag genannt sind. Dabei gilt Folgendes:

- Der Gruppenantrag ist von den gesetzlichen Vertretern des Gruppenträgers und aller einzubeziehenden inländischen Körperschaften zu unterfertigen.
- Der Gruppenantrag muss nachweislich vor dem Ablauf jenes Wirtschaftsjahres jeder einzubeziehenden inländischen Körperschaft unterfertigt werden, für das die Zurechnung des steuerlich maßgebenden Ergebnisses erstmalig wirksam sein soll.
- Im Gruppenantrag ist zu erklären, dass zwischen den finanziell verbundenen inländischen Körperschaften jeweils eine Regelung über den Steuerausgleich vereinbart worden ist.

- Im Gruppenantrag sind Beteiligungs- und Stimmrechtsverhältnisse sowie die Wirtschaftsjahre aller einzubeziehenden Körperschaften anzugeben.
- Der Gruppenantrag ist vom Gruppenträger, bei Vorliegen einer Beteiligungsgemeinschaft vom Hauptbeteiligten oder im Zweifel von einem von der Beteiligungsgemeinschaft bestimmten Mitbeteiligten bei dem für den Antragsteller für die Erhebung der Körperschaftsteuer zuständigen Finanzamt, unter Verwendung des amtlichen Vordruckes, innerhalb eines Kalendermonats nach der Unterfertigung des letzten gesetzlichen Vertreters zu stellen. Alle übrigen einzubeziehenden inländischen Körperschaften haben dem jeweils für jede Körperschaft zuständigen Finanzamt die Tatsache einer Antragstellung anzuzeigen.
- Das für die Erhebung der Körperschaftsteuer des Antragstellers zuständige Finanzamt hat das Vorliegen der Voraussetzungen für das Bestehen der Unternehmensgruppe gegenüber allen den Antrag unterfertigten Körperschaften bescheidmäßig festzustellen.

(9) Für Änderungen einer bestehenden Unternehmensgruppe gilt Folgendes:

- Jede Änderung ist vom betroffenen Gruppenmitglied bzw. vom betroffenen Gruppenträger dem für die Erhebung der Körperschaftsteuer des Antragstellers zuständigen Finanzamt (Abs. 8) innerhalb eines Monats anzuzeigen.
- Jedes Gruppenmitglied kann dem für den Antragsteller zuständigen Finanzamt (Abs. 8) gegenüber sein Ausscheiden aus der Unternehmensgruppe erklären. Erklärt der Gruppenträger sein Ausscheiden aus der Unternehmensgruppe, ist die Unternehmensgruppe beendet.
- Im Falle des nachträglichen Eintritts einer Körperschaft (Abs. 2) gilt Abs. 8 für den Gruppenträger und die eintretende Körperschaft sinngemäß.
- Der Feststellungsbescheid (Abs. 8) ist in allen Fällen der Änderung gegenüber dem Gruppenträger und und dem betroffenen Gruppenmitglied abzuändern.

(10) Die Unternehmensgruppe muss für einen Zeitraum von mindestens drei Jahren bestehen. Dabei gilt Folgendes:

- Die Mindestdauer ist nur erfüllt, wenn das steuerlich maßgebende Ergebnis von drei jeweils zwölf Monate umfassenden Wirtschaftsjahren in Sinne des Abs. 6 zugerechnet wird.
- Die Regelung über die Mindestdauer gilt im Falle des nachträglichen Eintritts einer weiteren Körperschaft (Abs. 2) in eine bestehende Unternehmensgruppe für die eintretende Körperschaft.
- Scheidet eine Körperschaft innerhalb von drei Jahren nach dem Eintritt aus der Unternehmensgruppe aus, sind insoweit im Wege der Veranlagung oder der Wiederaufnahme des Verfahrens jene steuerlich maßgebenden Verhältnisse herzustellen, die sich ohne Gruppenzugehörigkeit ergeben hätten.

Anlage 2: Weitere Möglichkeiten der Herstellung einer finanziellen Verbindung i.S.d. § 9 Abs. 4 öKStG[172]

- Mittelbare Beteiligung über mehrere Personengesellschaften
- Unmittelbare Beteiligung in Kombination mit mittelbarer Beteiligung über mehrere Personengesellschaften
- Unmittelbare Beteiligung in Kombination mit mittelbarer Beteiligung über eine Personengesellschaft und über ein Gruppenmitglied
- Unmittelbare Beteiligung in Kombination mit mittelbarer Beteiligung über mehrere Personengesellschaften und über ein Gruppenmitglied
- Unmittelbare Beteiligung in Kombination mit mittelbarer Beteiligung über eine Personengesellschaft und über mehrere Gruppenmitglieder
- Unmittelbare Beteiligung in Kombination mit mittelbarer Beteiligung über mehrere Personengesellschaften und über mehrere Gruppenmitglieder
- Mittelbare Beteiligung über mehrere Personengesellschaften in Kombination mit einer Beteiligungsgemeinschaft
- Mittelbare Beteiligung über eine Personengesellschaft und über ein Gruppenmitglied in Kombination mit einer Beteiligungsgemeinschaft
- Mittelbare Beteiligung über mehrere Personengesellschaften und über ein Gruppenmitglied in Kombination mit einer Beteiligungsgemeinschaft
- Mittelbare Beteiligung über eine Personengesellschaft und über mehrere Gruppenmitglieder in Kombination mit einer Beteiligungsgemeinschaft
- Mittelbare Beteiligung über mehrere Personengesellschaften und über mehrere Gruppenmitglieder in Kombination mit einer Beteiligungsgemeinschaft

[172] Aus öKStR 2001, Rz. 385.

Literaturverzeichnis

BLÜMICH, Einkommensteuergesetz, Körperschaftsteuergesetz, Gewerbesteuergesetz, Kommentar, herausgegeben von HEUERMANN, Bernd (Blümich, EStG-KStG-GewStG), Loseblattsammlung, München, 105. Ergänzungslieferung, März 2010

HERRMANN, Carl / HEUER, Gerhard / RAUPACH, Arndt (Hrsg.): Einkommensteuer- und Körperschaftsteuergesetz, Kommentar (Herrmann / Heuer / Raupach, EStG KStG), Loseblattsammlung, Köln, 239. Ergänzungslieferung, Februar 2010

DEBATIN, Helmut / WASSERMEYER, Franz: Doppelbesteuerung: DBA (Debatin / Wassermeyer: Doppelbesteuerung: DBA), Loseblattsammlung, München, 109. Ergänzungslieferung, Oktober 2009

CREZELIUS, Georg: Steuerrecht II, Die einzelnen Steuerarten (Crezelius, Steuerrecht II), 2. Auflage, München 1994

DOMMES, Sabine / SCHUCH, Josef: Gruppenbesteuerung und Doppelbesteuerungsabkommen (Dommes / Schuch, Gruppenbesteuerung und Doppelbesteuerungsabkommen) in LANG, Michael / SCHUCH, Josef / STARINGER, Claus / STEFANER, Markus: Grundfragen der Gruppenbesteuerung, Wien 2007

DÖTSCH, Ewald: Einbindung von Personengesellschaften in einen Organkreis (Dötsch, Einbindung von Personengesellschaften in einen Organkreis) in KESSLER, Wolfgang / FÖRSTER, Guido / WATRIN, Christoph: Unternehmensbesteuerung, Festschrift für Norbert Herzig zum 65. Geburtstag, München 2010

DÖTSCH, Ewald / FRANZEN, Ingo / SÄDTLER, Wolfgang / SELL, Hartmut / ZENTHÖFER, Wolfgang: Körperschaftsteuer (Dötsch / Franzen / Sädtler / Sell / Zenthöfer, Körperschaftsteuer), 15. Auflage, Stuttgart 2009

EMMERICH, Volker / HABERSACK, Mathias: Aktien- und GmbH - Konzernrecht (Emmerich / Habersack, Aktien- und GmbH - Konzernrecht), 5. Auflage, München 2008

ENDRES, Dieter: Gesetzgeberischer Überarbeitungsbedarf bei der Organschaft: eine Bestandsaufnahme (Endres, Gesetzgeberischer Überarbeitungsbedarf bei der Organschaft: eine Bestandsaufnahme) in KESSLER, Wolfgang / FÖRSTER, Guido / WATRIN, Christoph: Unternehmensbesteuerung, Festschrift für Norbert Herzig zum 65. Geburtstag, München 2010

ERLE, Bernd / SAUTER, Thomas: Körperschaftsteuergesetz, Die Besteuerung der Kapitalgesellschaft und ihrer Anteilseigner (Erle / Sauter, Körperschaftsteuergesetz), 3. Auflage, Heidelberg 2010

FROTSCHER, Gerrit: Körperschaftsteuer Gewerbesteuer (Frotscher, Körperschaftsteuer Gewerbesteuer), 2. Auflage, München 2008

GOSCH, Dietmar: Körperschaftsteuergesetz (Gosch, Körperschaftsteuergesetz), München 2005

HAASE, Florian: Außensteuergesetz, Doppelbesteuerungsabkommen (Haase, Außensteuerrecht, Doppelbesteuerungsabkommen), Heidelberg 2009

HERZIG, Norbert: Organschaft (Herzig, Organschaft), Stuttgart 2003

HOFFMANN-BECKING, Michael: Münchener Handbuch des Gesellschaftsrechts, Band 4 Aktiengesellschaft (Hoffmann-Becking, Münchener Handbuch des Gesellschaftsrechts, Band 4 Aktiengesellschaft), 3. Auflage, München 2007

HOFSTÄTTER, Matthias: Die Firmenwertabschreibung (Hofstätter, Die Firmenwertabschreibung) in LANG, Michael / SCHUCH, Josef / STARINGER, Claus / STEFANER, Markus: Grundfragen der Gruppenbesteuerung, Wien 2007

HRISTOV, Dimitar / WENINGER, Patrick: Der Steuerausgleich im Rahmen der Gruppenbesteuerung (Hristov / Weninger, Der Steuerausgleich im Rahmen der Gruppenbesteuerung) in LANG, Michael / SCHUCH, Josef / STARINGER, Claus / STEFANER, Markus: Grundfragen der Gruppenbesteuerung, Wien 2007

JETTMAR, Angelika / STIEGLITZ, Alexander: Die Rechtsfolgen der Gruppenbesteuerung (Jettmar / Stieglitz, Die Rechtsfolgen der Gruppenbesteuerung) in LANG, Michael / SCHUCH, Josef / STARINGER, Claus / STEFANER, Markus: Grundfragen der Gruppenbesteuerung, Wien 2007

KAUFER, Svenja: Grenzüberschreitende Organschaft kraft Gemeinschaftsrecht, Übernimmt Österreich für Deutschland eine Vorreiterrolle ? (Kaufer, Grenzüberschreitende Organschaft kraft Gemeinschaftsrecht), Frankfurt am Main 2006

KELLERSMANN, Dietrich / TREISCH, Corinna: Europäische Unternehmensbesteuerung (Kellersmann / Treisch, Europäische Unternehmensbesteuerung), Wiesbaden 2002

KESSLER, Wolfgang / KRÖNER, Michael / KÖHLER Stefan: Konzernsteuerrecht National – International (Kessler / Kröner / Köhler, Konzernsteuerrecht), 2. Auflage, München 2008

KIRCHNER, Alexander / TORWEGGE, Christoph / RÜTH, Henning: Holding und Beteiligung, Die Organschaft im Steuer- und Gesellschaftsrecht (Kirchner / Torwegge / Rüth, Holding und Beteiligung), Wiesbaden 2009

KLARMANN, Stefanie: Körperschaftsteuerliche Organschaft –Entstehung, Inhalt und Problematik der bestehenden Regelung– (Klarmann, Körperschaftsteuerliche Organschaft), Bonn 2006

KUßMAUL, Heinz / NIEHREN, Christoph: Die Organschaft im Spannungsfeld der EG-Grundfreiheiten – Eine Analyse der organschaftlichen Tatbestandsvoraussetzungen (Kußmaul / Niehren, Die Organschaft im Spannungsfeld der EG-Grundfreiheiten) in BRÄHLER, Gernot / LÖSEL, Christian: Deutsches und internationales Steuerrecht, Gegenwart und Zukunft, Festschrift für Christiana Djanani zum 60. Geburtstag, Wiesbaden 2008

MAMUT, Marie-Ann / SCHILCHER, Michael: Die Berücksichtigung von Auslandsverlusten (Mamut / Schilcher, Die Berücksichtigung von Auslandsverlusten) in LANG, Michael / SCHUCH, Josef / STARINGER, Claus / STEFANER, Markus: Grundfragen der Gruppenbesteuerung, Wien 2007

METZLER, Vanessa: Die Nachversteuerung von Auslandsverlusten (Metzler, Die Nachversteuerung von Auslandsverlusten) in LANG, Michael / SCHUCH, Josef / STARINGER, Claus / STEFANER, Markus: Grundfragen der Gruppenbesteuerung, Wien 2007

MÜLLER, Thomas / STÖCKER, Ernst: Die Organschaft (Müller / Stöcker, Die Organschaft), 7. Auflage, Hamm 2008

OBERASCHER, Frederike / STARINGER, Claus: Gruppenträger und Gruppenmitglied (Oberascher / Staringer, Gruppenträger und Gruppenmitglied) in LANG, Michael / SCHUCH, Josef / STARINGER, Claus / STEFANER, Markus: Grundfragen der Gruppenbesteuerung, Wien 2007

OBERMAIR, Christine / STEFANER, Markus: Die finanzielle Verbindung als Voraussetzung der Gruppenbesteuerung (Obermair / Stefaner, Die finanzielle Verbindung als Voraussetzung der Gruppenbesteuerung) in LANG, Michael / SCHUCH, Josef / STARINGER, Claus / STEFANER, Markus: Grundfragen der Gruppenbesteuerung, Wien 2007

PLANSKY, Patrick / RESSLER, Gernot: Die Verlustverwertung in der Unternehmensgruppe (Plansky / Ressler, Die Verlustverwertung in der Unternehmensgruppe) in LANG, Michael / SCHUCH, Josef / STARINGER, Claus / STEFANER, Markus: Grundfragen der Gruppenbesteuerung, Wien 2007

REINWEBER, Erika / SEISER, Heimo: Die Gruppenbesteuerung, Eine vollständige und strukturierte Darstellung mit vielen Beispielen (Reinweber / Seiser, Die Gruppenbesteuerung), Graz 2009

VOGEL, Klaus / LEHNER, Moris: Doppelbesteuerungsabkommen (Vogel / Lehner, Doppelbesteuerungsabkommen), 5. Auflage, München 2008

WIESNER, Werner / KIRCHMAYR, Sabine / MAYR, Gunter: Gruppenbesteuerung Praxiskommentar (Wiesner / Kirchmayr / Mayr, Gruppenbesteuerung), 2. Auflage, Wien 2009

ALTHUBER, Franz / MANG, Martin: Ausgewählte Fragen zur neuen Gruppenbesteuerung in Österreich, IWB 2004, 607

BALMES, Frank / BRÜCK, Michael / RIBBROCK, Martin: Das EuGH-Urteil Marks & Spencer: Grenzüberschreitende Verlustnutzung kommt voran!, BB 2006, 186

BERGEMANN, Achim / SCHÖNHERR, Frank / STÄBLEIN, Winfried: Die Rechtsprechung des EUGH im Ertragsteuerrecht – Chancen und Risiken für deutsche Unternehmen, BB 2005, 1706

BRUCKNER, Karl: Gruppenbesteuerung – Top oder Flop ? Die neue Firmenwertabschreibung beim Share-Deal, ÖStZ 2005, 257

DÜRRSCHMIDT, Daniel / SCHILLER, Martin: Die Rechtssache Marks & Spencer und ihre Folgen – Anmerkung zum Urteil des EuGH v. 13.12.2005, Rs. C-446/03, EuR 2006, 266

ESTERER, Fritz / BARTELT, Martin: Modernes Gruppenbesteuerungssystem für Deutschland - Kritische Analyse der Organschaft und mögliche Reformansätze -, BB 2010, Beilage 1, 2

GASSNER, Wolfgang: Die neue Gruppenbesteuerung, Stärken und Schwächen des Begutachtungsentwurfes, SWK 2004, 473

GASSNER, Wolfgang: Reform der Konzernbesteuerung in Deutschland und Europa – Österreich ersetzt Organschaft durch Gruppenbesteuerung, FR 2004, 517

GROTHERR, Siegfried: Der Abschluss eines Gewinnabführungsvertrags als (un-)verzichtbares Tatbestandsmerkmal der körperschaftsteuerlichen Organschaft, FR 1995, 1

GROTHERR, Siegfried: Die unterschiedlichen Konzernbesteuerungssysteme in den Mitgliedstaaten der Europäischen Union, Eine steuersystematische Analyse im Hinblick auf Reformüberlegungen beim steuerlichen Organschaftskonzept, StuW 1996, 356

HAASE, Florian: Die grenzüberschreitende Organschaft – eine Bestandsaufnahme, BB 2009, 980

HARTMANN, Rainer: Bestandsschutz für die Gewerbesteuer, BB 2008, 2490

HERZIG, Norbert / WAGNER, Thomas: EuGH-Urteil „Marks & Spencer“ - Begrenzter Zwang zur Öffnung nationaler Gruppenbesteuerungssysteme für grenzüberschreitende Sachverhalte, DStR 2006, 1

HERZIG, Norbert / WAGNER, Thomas: Finnische Gruppenbesteuerung vor dem EuGH – Mögliche Folgen für die Organschaft, DB 2005, 2374

HERZIG, Norbert / WAGNER, Thomas: Zukunft der Organschaft im EG-Binnenmarkt, DB 2005, 1

HEURUNG, Rainer / KLÜBENSPIES, Marco: Ertragsteuerliche Organschaften im Lichte des BMF-Schreibens vom 26.8.2003, BB 2003, 2483

HEURUNG, Rainer / MÖBUS, Susanne: Einkommensermittlung bei Organschaften: Gestaltungsmöglichkeiten bei Umwandlungen und grenzüberschreitenden Sachverhalten im Kontext der neueren Entwicklungen im Unternehmenssteuerrecht, BB 2003, 766

HEURUNG, Rainer / SEIDEL, Philipp: Bruttomethode bei Organschaft nach dem JStG 2009, BB 2009, 472

HEY, Johanna: Die EuGH-Entscheidung in der Rechtssache Marks & Spencer und die Zukunft der deutschen Organschaft - Haben die Mitgliedsstaaten den EuGH domestiziert ?, GmbHR 2006, 113

HIRSCHLER, Klaus / SCHINDLER, Clemens Philipp: Die österreichische Gruppenbesteuerung als Vorbild für Europa ?, IStR 2004, 505

HOFSTÄTTER, Matthias / PLANSKY, Patrick / STEFANER, Markus / WENINGER, Patrick: Gruppenbesteuerung: Zweifelsfragen zur finanziellen Verbindung, GeS 2005, 24

JOCHUM, Heike: Organschaft versus Gruppenbesteuerung: Ist der Ergebnisabführungsvertrag als Organschaftsvoraussetzung bei der Körperschaftsteuer verzichtbar ?, FR 2005, 577

KESSLER, Wolfgang / DALLER, Rico: Die österreichische Gruppenbesteuerung aus der Sicht ausländischer Gruppenmitglieder – investitionsentscheidungsbeeinflussende Faktoren, IStR 2006, 289

KIRCHHOF, Paul / RAUPACH, Arndt: Die Unzulässigkeit einer Rückwirkenden gesetzlichen Änderung der Mehrmütterorganschaft, DB 2001, Beilage 3, 1

KNIPPING, Jens: Zur Frage des Definitivcharakters ausländischer Betriebsstättenverluste im Sinne des EuGH-Urteils in der Rechtssache Lidl Belgium bei fehlender Möglichkeit eines interperiodischen Verlustausgleichs im Betriebsstättenstaat, IStR 2009, 275

KOLLRUSS, Thomas: Die neuen Organschaftsregeln in den Niederlanden und Double-Dip-Strukturen für deutsche Outbound-Investitionen, IStR 2004, 5

KREBÜHL, Hans-Herbert: Besteuerung der Organschaft im neuen Unternehmenssteuerrecht, DStR 2002, 1241

KREBÜHL, Hans-Herbert: Zur Reform und Reformnotwendigkeit der deutschen Konzernbesteuerung, DStR 2001, 1730

KUßMAUL, Heinz / NIEHREN, Christoph: Grenzüberschreitende Verlustverrechnung im Lichte der jüngeren EuGH-Rechtsprechung, IStR 2008, 81

LANG, Michael: Abkommens- und gemeinschaftsrechtliche Anforderungen an die Organschaft, ÖStZ 2003, 254

LANG, Michael: Der doppelt ansässige Organträger aus abkommensrechtlicher Sicht, SWI 2003, 215

MAYR, Gunter: Moderne Konzernbesteuerung im Lichte der EuGH-Rechtsprechung, BB 2008, 1312

MÜHL, Thomas / WAGENSEIL, Andreas: Der Gewinnabführungsvertrag – gesellschafts- und steuerrechtliche Aspekte, NZG 2009, 1253

PACHE, Sven / ENGLERT, Max: „Das Spiel ist aus!“ - Kein positives Signal des EuGH für ein binnenmarktorientiertes Konzernbesteuerungsrecht, IStR 2007, 844

PACHE, Sven / ENGLERT, Max: Grenzüberschreitende Verlustverrechnung deutscher Konzernspitzen – Ist die Organschaft noch zu retten?, IStR 2007, 47

PRINZ, Ulrich: Neue österreichische Gruppenbesteuerung – Steuersystematische und steuerplanerische Erwägungen aus deutscher Sicht, GmbHR 2005, 917

PRINZ, Ulrich: Unternehmenssteuerreform 2001: Organschaftsbesteuerung im Wandel, FR 2000, 1255

RAUPACH, Arndt / POHL, Dirk: Die Rechtssache Marks & Spencer, Konzernsteuerrecht auf dem Prüfstand des EuGH – Rückwirkungen auf das Konzernrecht ?, NZG 2005, 489

REHM, Helmut / NAGLER, Jürgen: Der GmbHR-Kommentar zu dem BFH-Urteil vom 17.7.2008 – I R 84/04, GmbHR 2008, 1174

RÖHRBEIN, Jens / EICKER, Klaus: Verlustberücksichtigung über die Grenze – aktuelle Rechtslage, BB 2005, 465

SCHÖNEBORN, Thomas: Aktuelle Formfragen der ertragsteuerlichen Organschaft, DB 2010, 245

STEFANER, Markus / WENINGER, Patrick: Die Gruppenbesteuerung im österreichischen Konzernsteuerrecht, ecolex 2004, 508

STEFANER, Markus / WENINGER, Patrick: Gruppenbesteuerung: Mehr Gestaltungsspielraum bei der Konzernstrukturplanung, RWZ 2004, 296

STEFANER, Markus / WENINGER, Patrick: Gruppenbesteuerung und Gemeinschaftsrecht, SWI 2004, 441

STEFANER, Markus / WENINGER, Patrick: Gruppenbesteuerung: Vor- und Außergruppenverluste, RdW 2004, 564

STEFANER, Markus / WENINGER, Patrick: Unbeschränkte Verwertung ausländischer Verluste durch Cross-Over-Kaskaden, SWI 2005, 133

WAGNER, Thomas: Denkanstöße zur Modifikation der ertragsteuerlichen Organschaft, StuW 2007, 308

WAGNER, Thomas: Finnische Gruppenbesteuerung vor dem EuGH – Das Urteil in der Rechtssache Oy AA und seine Folgen für die Organschaft, IStR 2007, 650

WEBER-GRELLET, Heinrich: Neu-Justierung der EuGH-Rechtsprechung, DStR 2009, 1229

WITT, Carl-Heinz: Reform der Konzernbesteuerung, FR 2009, 1045

WOLF, Erich: Highlights zur Besteuerung von Unternehmensgruppen, UFS aktuell 2005, 252